WINZIG

Sandra Leitte

WINZIG

Innovative Häuser im Mini-Format

Deutsche Verlags-Anstalt

INHALT

EINLEITUNG

Perfektion ist nicht dann erreicht, wenn es nichts mehr hinzuzufügen gibt, sondern wenn man nichts mehr weglassen kann.

Antoine de Saint-Exupéry

Dee Williams war 34, als sie sich in Portland im amerikanischen Bundesstaat Oregon mit ihrem mühsam ersparten Geld und einem Darlehen ein altes Haus kaufte. Jahrelang steckte sie viel Geld und Arbeit in ihr neues Heim, um es zu renovieren und ein Zuhause daraus zu machen. Nach einem Herzanfall im Alter von 41 Jahren und der Diagnose einer lebensbedrohlichen Herzrhythmusstörung begann sie sich zu fragen, was ihr wirklich wichtig war im Leben. Zu diesen Dingen gehörte eindeutig ihr liebevoll hergerichtetes Haus – allerdings nicht die Ratenzahlungen für ihren Kredit, die hohen Unterhaltskosten, die ständig anfallenden Reparaturen und ganz allgemein die zeitintensiven Aufgaben eines Hausbesitzers. Und wozu war das alles gut, die große Küche mit den wenig genutzten Geräten, der vollgestopfte Keller, die ganzen zusätzlichen Räume? Nachdem sie zufällig auf einen Artikel über Jay Shafer, einen Pionier der sogenannten Tiny-House-Bewegung in den USA, gestoßen war, begann eine Idee Form anzunehmen: Dee Williams baute sich ihr eigenes winziges Haus. Auf einem Anhänger, 84 Quadratfuß (ca. 7,8 Quadratmeter) groß plus Schlafloft. Und sie begann darin sozusagen ein neues Leben mit viel weniger materiellem Besitz, aber weitaus größerer finanzieller Freiheit, mehr freier Zeit und dem Gefühl, in einem Haus zu leben, das wirklich zu ihr passt. Ihre Geschichte hat sie in dem Buch *The Big Tiny* festgehalten, das einen sehr lesenswerten Einblick gibt in die guten, aber ehrlicherweise auch die problematischen Seiten dieser Lebensart. Dee Williams Beschreibung steht exemplarisch für viele Anhänger und Bewohner von winzigen Häusern. Dabei ist es meistens eine Mischung aus Gründen, warum sich Menschen dafür entscheiden, ihren Wohnraum und ihre Besitztümer bewusst einzuschränken und nur mit dem absolut Notwendigen beziehungsweise für die jeweilige Person Wesentlichen zu leben. Die Gründe reichen von Überlegungen zum Schutz der Umwelt über Kostenersparnis bis zu der Erkenntnis, dass das Glück in einem minimalistischeren Leben liegen kann.

Umweltbewusst und unabhängig

Oft wird das Thema der winzigen Häuser unter dem Gesichtspunkt der Ökologie und Nachhaltigkeit beleuchtet. Mit einem kleineren Gebäude verringern sich die überbaute und damit die versiegelte Fläche sowie der Bedarf an Baumaterialien. Das schont die Ressourcen und macht es zudem oft möglich, hochwertigere und langlebigere Baustoffe einzusetzen. Auch der Energiebedarf sinkt, schon beim Bau, und im späteren Betrieb wird weniger Strom und Heizenergie verbraucht. Dadurch ist es einfacher, die Häuser so zu errichten, dass sie *off-grid*, also völlig autark von öffentlichen Versorgungsnetzen nutzbar sind. So lässt sich auch der Wunsch erfüllen, zumindest zeitweise aus der Zivilisation auszusteigen und völlig auf sich selbst gestellt inmitten der Natur zu leben. Strom- und Warmwasserbedarf werden dann beispielsweise durch Photovoltaik- und Solarthermieanlagen gedeckt, Regenwasser für die Wasserversorgung aufgefangen und im Bad steht eine Komposttoilette. Möglich ist dies entweder in einer feststehenden Behausung – oder aber in einer beweglichen, ein weiterer Vorteil von kleinen Häusern.

Denn je nachdem, wie sie gebaut sind, sind sie mobile Architektur. Die Amerikaner beispielsweise bauen (meist aus baurechtlichen Gründen) ihre *tiny houses* in der Regel auf einem Anhänger, das heißt, die Unterkunft hat Räder und kann jederzeit von einem Ort zum nächsten transportiert werden – sofern die Vorschriften der Straßenverkehrsordnung bezüglich der Höchstmaße eingehalten sind. Etwas aufwendiger, aber durchaus möglich ist der Ortswechsel mit modular aufgebauten Häusern oder Containerhäusern, die zerlegt und an anderer Stelle wieder zusammengesetzt werden können. Beim nächsten Umzug fällt also die Suche nach einer neuen Bleibe und eventuell sogar das lästige Kistenpacken weg, das bisherige Haus wird schlichtweg mitgenommen. Wobei selbst für die Winzlinge unter den Häusern immer das geltende Baurecht zu beachten ist, da es nicht erlaubt ist, selbst noch so kleine Unterkünfte »einfach so« beliebig ab- oder aufzustellen. Komplizierte Bauvorschriften und Genehmigungspflichten legen gerade in Deutschland denjenigen, die sich dafür interessieren, solche alternative Wohnformen zu verwirklichen, viele Steine in den Weg.

Weniger Besitz, mehr Leben

Einer der Hauptgesichtspunkte, unter denen *tiny houses* betrachtet werden, ist die finanzielle Komponente. Andrew Morrison, einer der präsentesten Vertreter des amerikanischen Tiny-House-Movements, eröffnete seinen Vortrag auf der TEDx-Konferenz in Colorado Springs 2014 mit einer kleinen Berechnung. Darin kam er zu dem Ergebnis, dass Hausbesitzer (von denen es in den USA wesentlich mehr gibt als zum Beispiel in Deutschland) im Durchschnitt ca. 27 Prozent ihres monatlichen Einkommens für die Ratenzahlungen für ihr Heim ausgeben, und rechnet das in knappe 11 Stunden Arbeitszeit pro Woche um beziehungsweise etwa zwei Tage Arbeit pro Woche, wenn Nebenkosten, Instandhaltung etc. einbezogen werden. Eine Menge Geld, Arbeitskraft und Zeit. Diese lässt sich Morrisons Aussage nach mit einem kleineren Haus wesentlich verringern – dank geringerer Kosten für Bau, Unterhalt und Betrieb. Er selbst hat mit seiner Frau Gabriella ihr Haus hOMe für nur 33.000 US-Dollar gebaut – ca. 29 Quadratmeter, auf denen alle notwendigen Funktionen und Bereiche für das tägliche Leben untergebracht

sind (siehe S. 78). Dass diese extreme räumliche Beschränkung die Qualität des Wohnens und Lebens erhöhen soll, mag vielleicht auf den ersten Blick schwer nachvollziehbar erscheinen. Doch genau das ist der Punkt, an dem das Leben in einem winzigen Haus spannend wird und zum Nachdenken anregt. Und es scheint auch der Punkt zu sein, der den meisten Bewohnern von winzigen Häusern am wichtigsten ist.

Das bewusste Downsizing auf eine kleinere Wohnfläche mit all seinen Konsequenzen erfordert einige einschneidende Schritte. Weniger Wohnfläche bedeutet in der logischen Folge auch weniger Stauraum. Und das heißt wiederum, dass sich die Bewohner vor ihrem Umzug ins winzige Heim (zumindest, wenn dieses ein »Vollzeithaus« ist) von einem Großteil ihrer Besitztümer trennen müssen. Zunächst vielleicht eine beängstigende Vorstellung, die im Laufe der Jahre angesammelten Bücher, Erinnerungsstücke, Gerätschaften und Kleidungsstücke herzugeben. Doch die meisten finden in diesem Ausstieg aus dem Konsumverhalten unserer Zeit mehr Freiheit, mehr Flexibilität und mehr Zufriedenheit.

Wer weniger Eigentum hat, hat weniger Kosten, muss weniger Geld verdienen, daher weniger arbeiten und hat mehr Zeit für die Dinge im Leben, die wirklich glücklich machen, so die Rechnung. Und sie scheint aufzugehen, denn alle Bewohner von kleinen Häusern, die sich öffentlich zu ihren winzigen Behausungen äußern, sagen einstimmig, dass sie noch nie so glücklich in ihrem Heim gefühlt haben, noch nie so befreit und unbelastet wie auf dem äußerst beschränkten Wohnraum und mit den wenigen Dingen, die dort Platz haben. Dee Williams macht sich übrigens ab und zu den Spaß, alles was sie besitzt, aufzulisten. Es passt auf eine DIN-A4-Seite, und bei der in ihrem Buch erwähnten Zählung kam sie auf 305 Gegenstände (Besteck und Geschirrteile einzeln gezählt!).

Zugegebenermaßen, viele der winzigen Häuser, die in diesem Buch präsentiert werden, sind keine Vollzeitunterkünfte. Viele dienen als Wochenend- oder Ferienhaus oder gar nur als temporäre Schutzhütten. Dennoch erstaunen sie alle damit, wie sich mit intelligenten Konzepten und cleveren Lösungen auf kleinstem Raum alles Wesentliche unterbringen lässt und

trotzdem ein großzügiges Raumgefühl entstehen kann. Sie zeigen, dass weniger Raum kein Ausdruck des ungewollten Verzichts sein muss, sondern einen Gewinn an Lebensqualität bedeuten kann. Womit sie durchaus in einem gesellschaftlichen Trend liegen, denn immer mehr Menschen suchen Auswege und Auszeiten von unserer übersättigten, kommerzialisierten Gesellschaft und finden diese oft in der Reduktion und in der Konzentration auf das Wesentliche.

SCHUTZHÜTTE ANTOINE

Les Ruinettes, Verbier, Schweiz 2014
BUREAU A

4 m²

Man muss schon sehr genau wissen, wo »Antoine« liegt, um ihn zu finden, denn die kleine Schutzhütte in den Walliser Alpen tarnt sich als einer von vielen Felsen, die auf dem Berghang verstreut liegen. Das hat in der Schweiz Tradition, versteckte und getarnte Militärbunker sind noch heute im ganzen Land zu finden. Seinen Namen verdankt das Projekt einer Figur des Schweizer Schriftstellers Charles-Ferdinand Ramuz, der in seinem Roman *Derborence* über den Steinschlag schreibt, der sich im Jahr 1714 im Lizerne-Tal ereignete. Die Hauptfigur Antoine überlebt sieben Wochen unter den Felsen, bevor er in sein Dorf zurückkehrt. Diese Geschichte inspirierte Bureau A aus Genf zu der bewohnbaren Skulptur, die sie für den Skulpturenpark der Verbier 3-D Fondation schufen. Nur zwei kleine Fenster, eines in der Wand, eines im Dach, und die Tür lassen bei genauem Hinsehen von außen erkennen, dass es sich bei Antoine um einen etwas anderen Felsen handelt. Die Architekten betrachten den Unterstand als »Existenzminimum« – er enthält nur die wirklich grundlegenden Elemente einer Behausung für ein bis zwei Personen: zwei Betten und einen Tisch, die sich jeweils aus der Wand ausklappen lassen, sowie einen Holzofen. Gebaut wurde die Hütte als Holzkonstruktion, die dann von außen mit einer Spritzbetonhülle in den Findling verwandelt wurde. Diese Arbeiten fanden im Tal statt, per Lkw gelangte Antoine dann zu seinem entlegenen Standort. Ruhe und Abgeschiedenheit sind ihm und seinen Besuchern sicher!

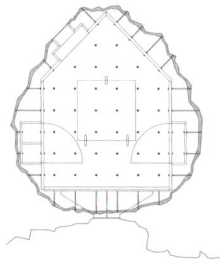
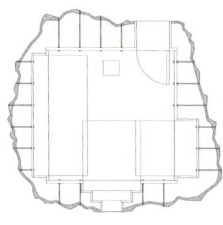

13

OTIS

variabler Standort 2013
Green Mountain College, Environmental Studies

6 m²

Die heutigen beruflichen Anforderungen mit häufigeren Job- und Ortswechseln verlangen nach höherer Flexibilität und Mobilität. Lucas Brown, Professor am Green Mountain College im amerikanischen Bundesstaat Vermont, beobachtet bei seinen Studenten, dass sie immer weniger Interesse daran haben, sich gleich nach dem Abschluss auf einen Ort festzulegen und in ein Haus zu investieren. Stattdessen stellen sie sich einen eher »nomadischen« Lebensstil vor. Diese Tatsache griff er in seinem Kurs für erneuerbare Energie und ökologisches Design auf und entwickelte gemeinsam mit 16 Studenten OTIS, den Optimal Traveling Independent Space.

OTIS ist ein kuppelförmiges Gebilde aus gebogenen Holzrippen, opaken Sandwichpaneelen und Sperrholz, das sich einfach auf einem Autoanhänger transportieren lässt. Das leichtgewichtige und aerodynamische Design wurde von der Natur inspiriert – zum Beispiel von

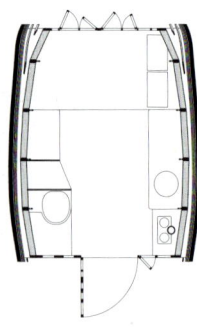

hohlen Vogelknochen und den Strukturen von Libellenflügeln, die sich in den facettierten Fensterflächen zeigen. Nachdem der Entwurf am Computer generiert war, entstanden die meisten Bauteile mithilfe einer CNC-Fräse.

Im Inneren bietet die mobile Behausung ein Bett, einen Schreibtisch, einen kleinen Holzofen, auf dem auch gekocht werden kann, eine Arbeitsfläche mit Regalen und einem winzigem Wasch-/Spülbecken sowie eine Komposttoilette. Das an der Außenseite befestigte Photovoltaikpaneel übernimmt die Stromversorgung, ein Regenwasserauffangsystem war angedacht, wurde aber bisher nicht realisiert. Für Lucas Brown ist der Entwurf eine neue Sichtweise des amerikanischen Traums. Und es wäre sicherlich ein Schritt in die richtige Richtung, wenn dieser in Zukunft statt überdimensionierter Häuser ein nachhaltiges Heim mit möglichst kleinem ökologischem Fußabdruck beinhalten würde.

MIRROR CUBE

Heilbronn, Deutschland 2015
baumraum

8 m²

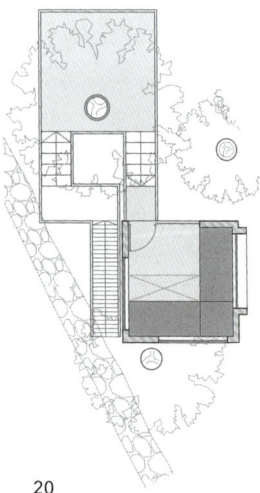

Baumhaus – das klingt nach Abenteuer, Freiheit und Kindheitsträumen. Allerdings machen die selbst zusammengezimmerten Bretterbuden aus Kindertagen mit steigendem Alter der Besitzer oft professionelleren Lösungen Platz. Ob traditionell-rustikal, modern oder futuristisch, ob als Ort der Ruhe, als Büro oder Hotelzimmer – von Spezialisten konstruierte Baumhäuser haben viele Einsatzmöglichkeiten. Der Architekt und Baumhausexperte Andreas Wenning, der in Bremen die Firma baumraum führt, integrierte den Mirror Cube in 6,50 Metern Höhe in eine Gruppe von Kiefern. Dank seiner Fassaden aus spiegelndem Edelstahl verschmilzt dieser individuelle Rückzugsort so mit seiner Umgebung, dass er – je nachdem aus welchem Winkel man zu ihm hinaufschaut – auf den ersten Blick fast nicht sichtbar ist.

Besonderes Augenmerk legt baumraum auf einen schonenden Umgang mit den Bäumen. Der Baumhauskubus, eine gedämmte Holzrahmenkonstruktion, steht daher auf einem Tragwerk aus verzinkten Stahlrahmen und -stützen; die große vorgelagerte Holzterrasse wird über Seilaufhängungen, die die Stämme nicht verletzen, von den Bäumen getragen. Eine Stahltreppe mit Holzstufen führt zuerst zur 5,50 Meter hoch gelegenen Freifläche und dann ins eigentliche Baumhaus. Dieses ist in seinem gemütlichen Inneren mit gepolsterten Bank- und Sofaflächen ausgestattet, von denen sich eine auch zum Bett erweitern lässt. Schubladen darunter bieten Stauraum. Großzügige Fensterflächen und ein Oberlicht bringen viel Licht in den Raum. Auch Strom und Heizung sind vorhanden, sodass der Besitzer selbst abends und an kühlen Tagen den Blick aus seinem besonderen Refugium über den großen Garten und die umliegenden Weinberge genießen kann.

KOLELIBA

Ruse, Bulgarien 2015

Hristina Hristova

9 m²

Keine Lust, den Urlaub an überbevölkerten Strandorten in Hotelburgen zu verbringen, das Budget reicht aber nicht für ein eigenes kleines Ferienhäuschen in ruhigerer Lage? Die bulgarische Architektin Hristina Hristova löste dieses Problem, indem sie ein Haus auf Rädern entwarf, mit dem sie frei und flexibel unterwegs sein kann. Die mögliche Größe der Unterkunft war daher durch die zulässigen Maße für den Transport auf der Straße beschränkt, sodass das Ergebnis schließlich winzige 9 Quadratmeter Wohnfläche ergab. Natürlich war es eine Herausforderung, auf dieser Fläche alle notwendigen

Einrichtungen unterzubringen, ohne ein Gefühl der Beengung aufkommen zu lassen. Doch dank der Höhe des Hauses von 2,40 Metern und der großzügigen raumhohen Übereckverglasung auf der Eingangsseite wirken die 9 Quadratmeter größer, als sie wirklich sind. Im Inneren bietet »Koleliba« – eine Kreationen aus den bulgarischen Wörtern für Hütte und Räder – eine Küchenzeile mit Kühlschrank, Spülbecken und Ofen sowie ein ausklappbares Sofabett. Hinter dem Küchenbereich versteckt sich ein kleines Badezimmer. Gebaut ist das mobile Ferienhaus aus Holz – die Verkleidung der Wände außen und zum Teil im Inneren ist aus geölter bulgarischer Kiefer, die Möbel bestehen aus Birkensperrholz.

Um das bescheidene Platzangebot im Inneren etwas zu kompensieren, legte die Architektin viel Wert auf die Gestaltung des Außenbereichs. Entlang des Hauses ist eine ausklappbare Bank angebracht, ein abnehmbares Vordach schafft einen überdeckten Bereich, wo sich Familie und Freunde zum Essen, Trinken und geselligen Beisammensein treffen. Und das ist es auch, was für Hristina Hristova zählt – freie Zeit und glückliche Momente statt unnötigem Luxus in einem großen Haus.

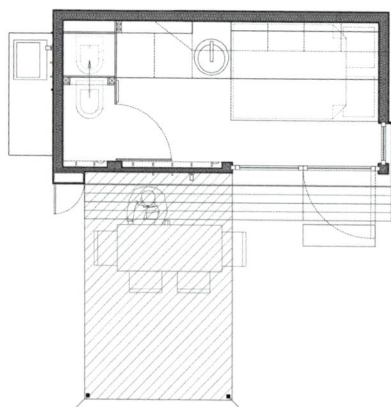

TOPANGA CABIN

Topanga, Kalifornien, USA 2013

Mason St. Peter, Serena Mitnik-Miller

11 m²

Der Topanga State Park liegt in den kalifornischen Santa Monica Mountains im Stadtgebiet von Los Angeles. Sein Name ist von einem alten Wort des Indianerstamms der Shoshone abgeleitet und bedeutet »oben/darüber«, was sich auf die Lage oberhalb des Topanga Creek bezieht. Als der Architekt Mason St. Peter in Topanga, einem kleinen Nachbarort von Malibu, zu Besuch bei Freunden war, verliebte er sich sofort in den Ort. Von den bestehenden Hütten war keine zur Miete frei, und so entstand die Idee, dass er sich zusammen mit seiner Frau einfach eine eigene bauen könnte. Der Grundstücksbesitzer ermutigte ihn dazu und stellt ihm zudem die Baumaterialien zur Verfügung – hauptsächlich Überreste vom Bau anderer Häuschen. Nachdem sie den vorgesehenen Standort freigeräumt und die vorhandenen Materialien katalogisiert hatten, begann das Surferpaar gemeinsam mit Freunden mit dem Bau. Entstanden ist ein minimalistischer Kubus aus Holz mit einer großzügigen Terrasse davor. Auf der Rückseite öffnet eine zweiflüglige Tür die Hütte zur Natur, die Ecke zur Terrasse ist verglast. Das Innere ist mit Sperrholzplatten verkleidet und bietet mit einfachen, selbstgebauten Möbeln wie Holzregalen, einem Tisch und einer Sitzbank zwar wirklich nur die Basisausstattung einer genügsamen Unterkunft, doch die liebevollen Kleinigkeiten, mit denen die Unterkunft dekoriert ist, machen sie trotzdem gemütlich. Auf der über eine Leiter erreichbaren Schlafebene können die aus San Francisco anreisenden Besitzer auch mal eine Nacht verbringen. Zum Kochen und Waschen nutzen sie die nahe gelegenen Gemeinschaftseinrichtungen, die sie mit anderen Hütten teilen.

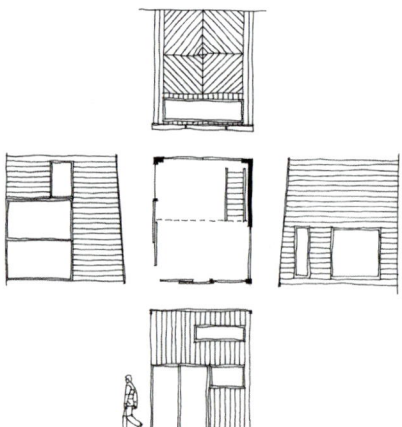

FREEFLOATING ECOLODGE

Nationalpark De Biesbosch, Niederlande
LINES Designworks

13 m²

Die Füße zu einer Tasse Tee im Wasser baumeln lassen, zum Einschlafen in den Sternenhimmel schauen und vom Bett aus durchs Fenster einen vorbeischwimmenden Biber beobachten – in der Freefloating Ecolodge ist das alles möglich! Marijn Beijes Idee war es, die Menschen weg von Computer und Fernseher wieder hinaus in die Natur zu locken. Dafür entwarf der junge niederländische Designer eine katamaranartige Unterkunft, die aus zwei »Kabinen« mit je ca. 6,5 Quadratmetern besteht, die über eine Terrasse verbunden sind. Eine davon dient als Küche, Bad und Essplatz, in der anderen sind die Betten untergebracht. Die Sitzecke wurde etwas abgesenkt und liegt unter dem Wasserspiegel, sodass von hier ein Blick in die Unterwasserwelt möglich ist. Über eine Leiter gelangt man auf die obere Terrasse, die sich 2,50 Meter über dem Wasser befindet, noch eine Ebene darüber bieten sich von einem Ausguck in 4,50 Metern Höhe tolle Blicke in die Umgebung.

Ihren Namen Ecolodge verdient sich die schwimmende Behausung durch ihre umweltfreundliche Bauweise. Da sie keinerlei feste Strukturen benötigt, sind keine Eingriffe in die Umgebung notwendig. Die Lodge kann entweder einfach frei im Wasser treiben oder auch an einem Pier an Wasser- und Stromversorgung angeschlossen werden. Die Elektrizität für die LED-Beleuchtung und die Wasserpumpe generiert ein Photovoltaikpaneel. Als Materialien für die leichte, wartungsarme Konstruktion kamen FSC-zertifiziertes Holz und Aluminium zum Einsatz. Raumhohe gebogene Gläser für Fenster und Tür bieten eine uneingeschränkte Sicht und machen so die Nähe zur Natur spürbar. Momentan hat die Unterkunft ihren Liegeplatz im Nationalpark De Biesbosch, einem Naturschutzgebiet im Südwesten der Niederlande, wo sie an Besucher vermietet wird. Nach den Ideen ihres Entwerfers ist die Konstruktion jedoch vielfältig einsetzbar und ließe sich beispielsweise auch zum Baumhaus umfunktionieren.

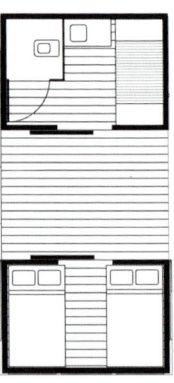

SILOHAUS

Berlin-Moabit, Deutschland 2013
Refunc – Jan Körbes mit Denis Oudendijk

13 m²

Bei vielen kleinen Häusern liegt ein Ziel darin, den Materialeinsatz zu minimieren und möglichst viele recycelte und wiederverwendete Baumaterialien einzusetzen. Das Silohaus treibt dieses Prinzip auf die Spitze. Der deutsche Architekt Jan Körbes, Mitglied des niederländischen Designkollektivs Refunc, baute aus einem alten Futtersilo und vielen Restmaterialien – andere würden sagen Müll – sein experimentelles Wohnhaus, mit dem er kurz nach Fertigstellung von Den Haag nach Berlin umzog.

Fixe Baupläne gab es nicht, mit den gefundenen und geschenkten Materialien kamen auch die Ideen. So stammt die Eingangstreppe von einem Baugerüst, die Eingangstür führte einmal in einen Wohnwagen. Die Alufläche eines Messestandes wurde zur Küchenarbeitsplatte, Kühlschrankeinsätze dienen als Regale. Materialien wie die Sitzbretter von Parkbänken fand Körbes auf dem

Recyclinghof, die Plexiglaskuppel oben auf dem Silo kommt vom Gelände einer insolventen Kunststofffirma. Ein besonderer Platzspar-Clou ist der Esstisch: Dafür wird der Korkboden nach oben gezogen und fixiert, eine in den Boden eingelassene Badewanne bildet den Fußraum, der Boden die Sitzgelegenheiten. Über Klettergriffe an der Wand gelangt man zum Schlafbereich auf der oberen Ebene. Mit Solarzellen, Regenwasser-Auffangsystem, Trockenklo und einer Filterdusche, die mit 5 Litern Wasser in einem Kreislaufsystem funktioniert, kann das Silohaus völlig autark von öffentlichen Netzen bewohnt werden. Für Körbes hat das Projekt gleichzeitig eine soziale Komponente, und so wohnt er derzeit auf dem Gelände des Zentrums für Kunst und Urbanistik in Berlin-Moabit und will mit seinem Wohnexperiment auch zum Nachdenken über Wohnungsbau, Mobilität und Energiepreise anregen.

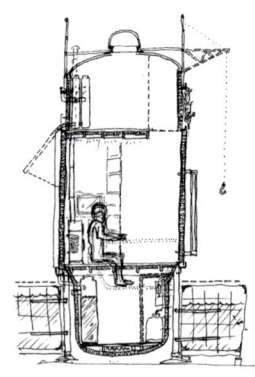

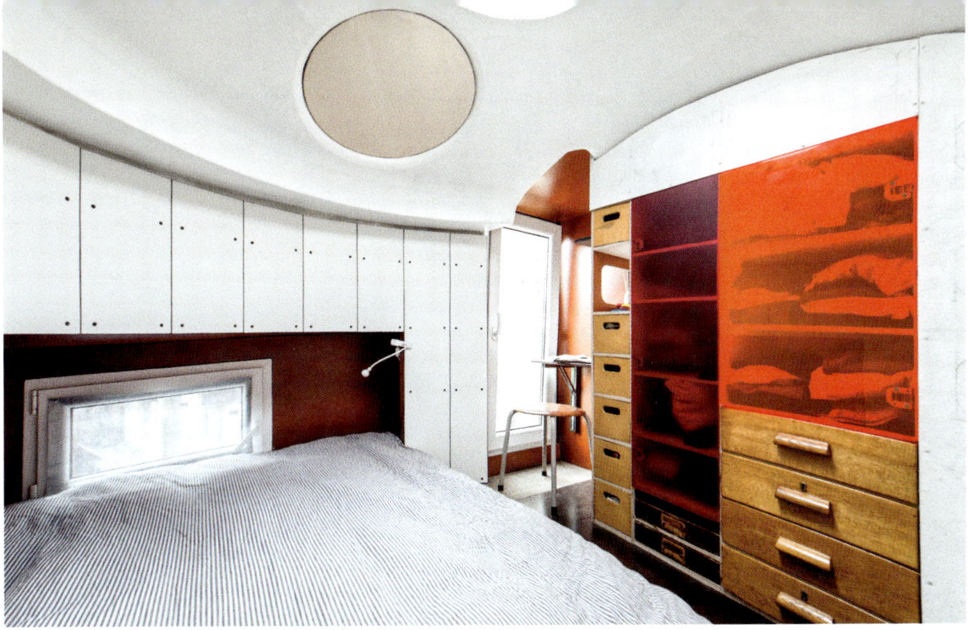

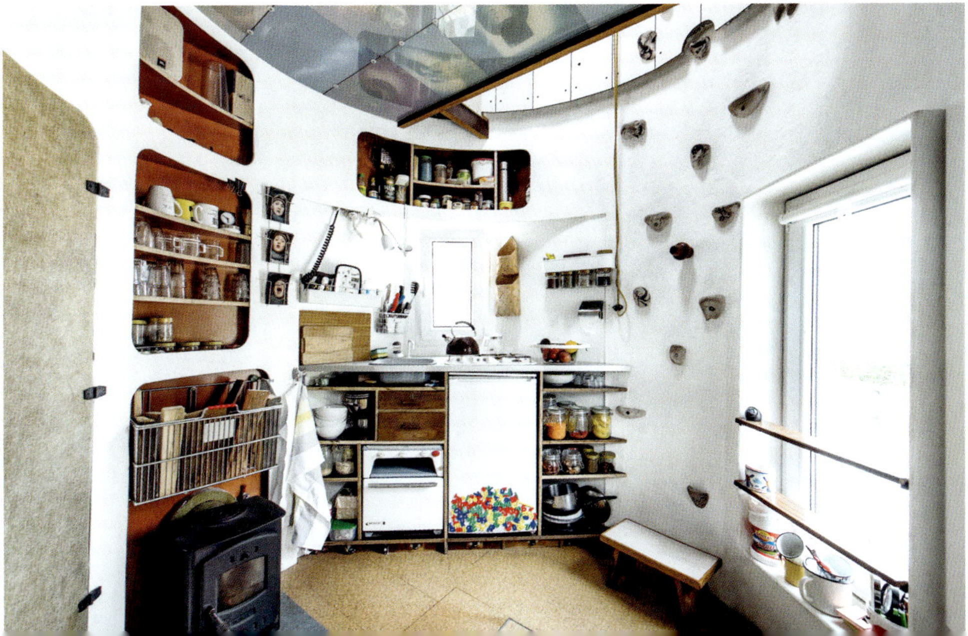

HEMLOFT

bei Whistler, Kanada 2011

Joel Allen

14 m²

Nachdem der ehemalige Softwareentwickler und Zimmermannneuling Joel Allen mit einem Freund die Freizeitaktivität »Sportschlafen« entwickelt hatte, bei der die beiden jeweils versuchten, an möglichst außergewöhnlichen Orten die Nacht zu verbringen, war er auf den Geschmack gekommen: Er wollte sein eigenes Refugium, irgendwo im Wald. Gemeinsam mit Freunden, die gerade ihr Architekturstudium abgeschlossen hatten, entwickelte er die Idee des eiförmigen Baumhauses. Es dauerte lange, bis er den perfekten Baum für sein Vorhaben fand, doch dann konnte es losgehen. Leider lag die »Baustelle« auf einem Stück Land, das dem Staat gehört, sodass das Material unentdeckt dorthin geschafft werden musste. Auch die Finanzierung war ein Problem, aber nachdem Joel Allen entdeckt hatte, dass er viele der benötigten Dinge über eine Website unter der Rubrik »zu verschenken« finden konnte, war auch dieses Problem gelöst.

Seinen Namen erhielt das HemLoft von der Hemlock-Tanne, um die es gebaut ist. Der Zugang zu dem versteckt an einem steilen Hang gelegenen Gebilde erfordert einen Balanceakt über eine Art Brücke mit Tritttellern. Im Inneren bietet das kleine Zuhause eine Schlafebene, eine Outdoor-Küche auf der kleinen Terrasse mit atemberaubendem Ausblick sowie einen Arbeitsplatz. Geduscht wird in einem der umliegenden Wasserfälle. Die oberen Segmente der hölzernen Konstruktion lassen sich öffnen und bieten weitere Aussichten ins Tal, ebenso wie die vielen Fenster. Viel näher an der Natur als in diesem Baumhaus-Ei kann man wohl kaum leben!

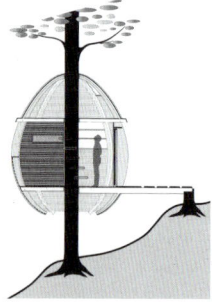

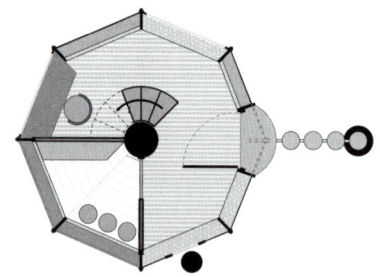

SCHUTZHÜTTE SKUTA

Skuta, Steiner Alpen, Slowenien 2015

OFIS architects und AKT II mit Studenten der Harvard University Graduate School of Design

15 m²

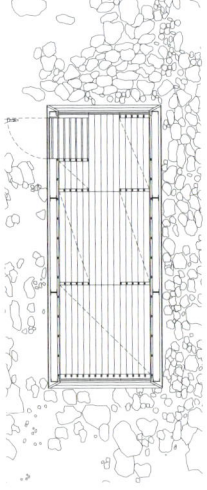

Starker Wind, Schnee, Erdrutsche, unvorhersehbare Wetterumschwünge – die Bedingungen in den Bergen sind oft unwirtlich. Umso dankbarer sind Bergsteiger für Zuflucht vor der extremen Witterung. Das Projekt für die Schutzhütte auf dem Berg Skuta in Slowenien entstand in einem Entwurfsseminar der Harvard University Graduate School of Design in Boston und ersetzt eine 50 Jahre alte Biwakhütte an derselben Stelle. Der studentische Entwurf wurde dann von OFIS architects in Ljubljana und den Ingenieuren von AKT II weiterentwickelt.

Beim Bauen in alpinem Gelände muss nicht nur das raue Klima bei der Wahl von äußerer Form und Material berücksichtigt werden. Es war den Gestaltern auch wichtig, möglichst wenig in die unberührte Landschaft einzugreifen und den Unterstand respektvoll in die Natur einzugliedern. Da der Bau in dem schwierigen Gelände auf 2.118 Metern Höhe unmöglich war, wurde die Schutzhütte im Tal vorfabriziert, dann mit dem Hubschrauber an den vorgesehenen Standort gebracht

und dort in nur einem Tag aufgebaut. Um die Hütte an diesem schwer zugänglichen Ort möglichst wartungsarm zu halten, fiel die Wahl für die Fassadenbekleidung auf extrem widerstandsfähige Glasfaserbetonplatten, die mit ihrer silbrig schimmernden Oberfläche das futuristische Biwak ästhetisch in die schroffe Umgebung einfügen. Die Konstruktion besteht aus drei rahmenartigen Modulen von ca. 2 x 2,70 Metern, die nicht nur den Transport erleichterten, sondern gleichzeitig auch den Raum gliedern. Im ersten Modul befinden sich der Eingangsbereich, ein Lagerraum und eine kleine Kochecke, das zweite ist ein kombinierter Schlaf- und Wohnraum, im dritten Teil sind Etagenbetten untergebracht. Der Innenraum, der bis zu acht Personen Schutz bietet, ist bescheiden und funktional, doch die warmen Holztöne sorgen für alpine Gemütlichkeit. Das Beste sind aber wohl die spektakulären Ausblicke in die Berglandschaft, die sich durch die beiden komplett verglasten Giebelseiten der kleinen Hütte bieten.

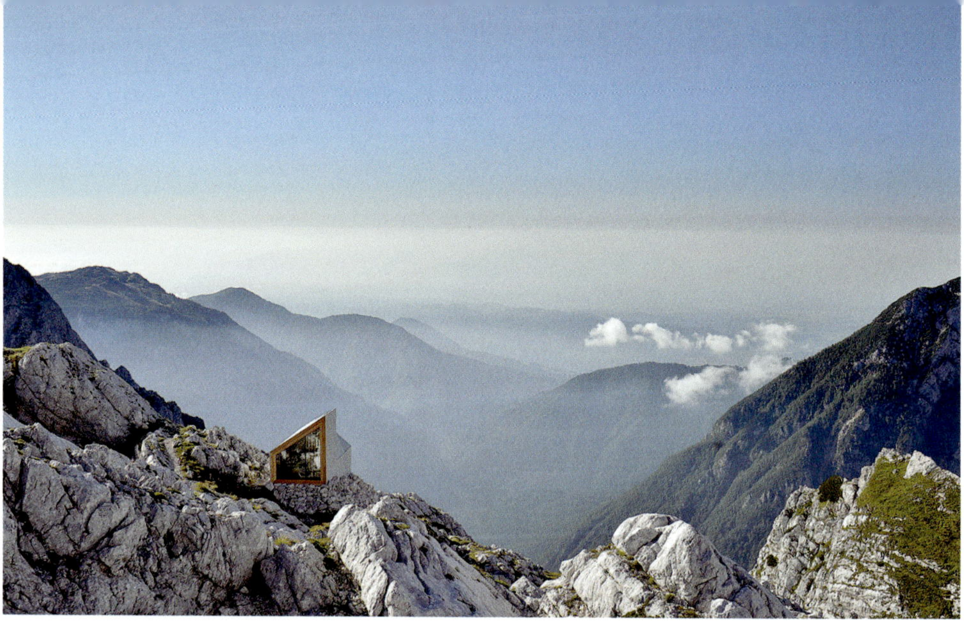

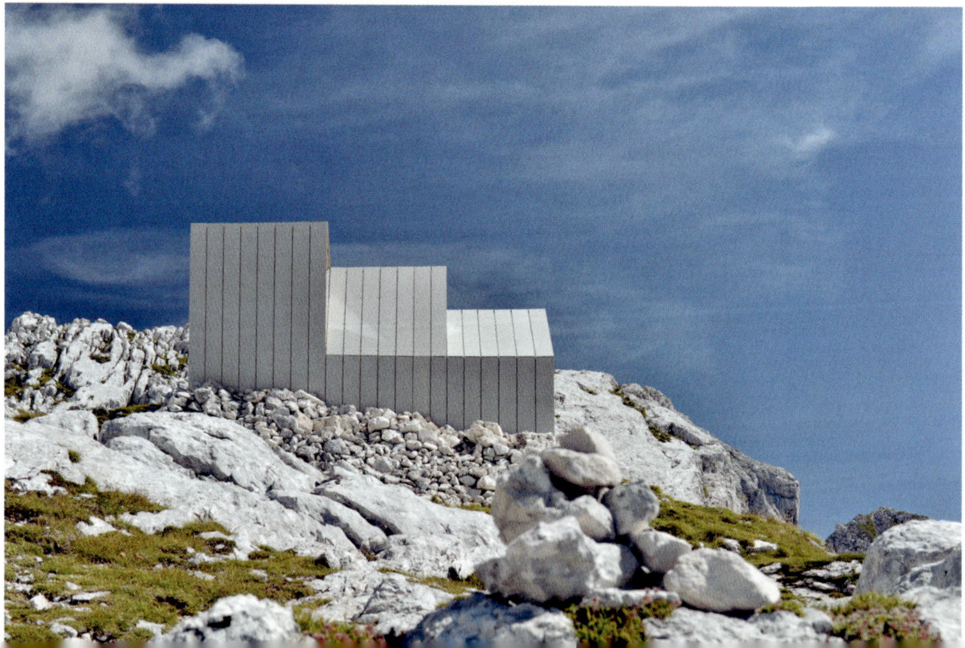

EXBURY EGG

SPUD Group, Stephen Turner und PAD Studio

15 m²

Das Exbury Egg ist schwimmendes Haus und Forschungsstation in einem. Entwickelt wurde es von dem britischen Künstler Stephen Turner zusammen mit den Designern von PAD Studio und den Projektentwicklern der SPUD Group. Turner, der sich in seinen künstlerischen Arbeiten stets mit dem Zusammenwirken von Natur und Mensch beschäftigt, bezog die ungewöhnliche Behausung für ein Jahr, um Flora und Fauna im Mündungsgebiet des Flusses Beaulieu in der Nähe von Southampton zu beobachten und zu dokumentieren.

Inspiriert ist der eiförmige Entwurf von nistenden Seevögeln. Für den Bau wurde ein örtlicher Bootsbauer hinzugezogen, der nach den jahrhundertealten Prinzipien seines Handwerks aus recyceltem, gebogenem Zedernholz die Grundstruktur schuf. Für den weiteren Ausbau kam lokales Douglasienholz zum Einsatz. Auch wenn das Heim mit seinen ca. 6 Metern Länge und 3,60 Metern im Durchmesser nicht gerade mit großem Komfort aufwartet, bot es dem Künstler doch auf diesem engen Raum alles, was er für das tägliche Leben benötigte. Neben einem Schreibtisch mit Stauraum und einer Hängematte als Schlafstätte standen ihm eine Küche mit einem Paraffin-Herd und einem Spülbecken zur Verfügung. Das temporäre Domizil ist mit einer einfachen Solardusche und einer Campingtoilette ausgestattet. Mit einem kleinen Kohleofen lässt sich der Raum bei Bedarf heizen. Um seine elektrischen Geräte wie Laptop und Handy aufzuladen, nutzte Turner Solarenergie. Auch die wenigen LED-Leuchten wurden über Photovoltaikpaneele betrieben. Tageslicht erhält der Innenraum über ein ovales Oberlicht sowie ein Fenster in der Außenwand, das, vollständig aufgeklappt, zugleich die Eingangstür darstellt. Betreten wird das schwimmende Haus über eine Pontonbrücke, mit der es auch an Land verankert ist.

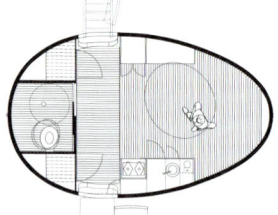
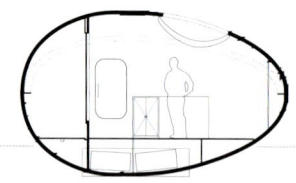

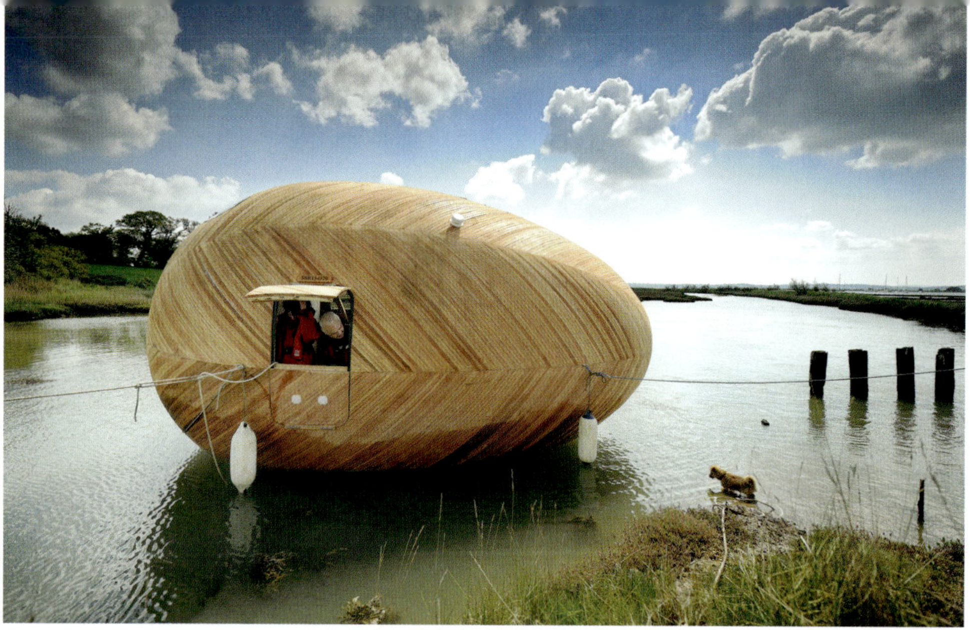

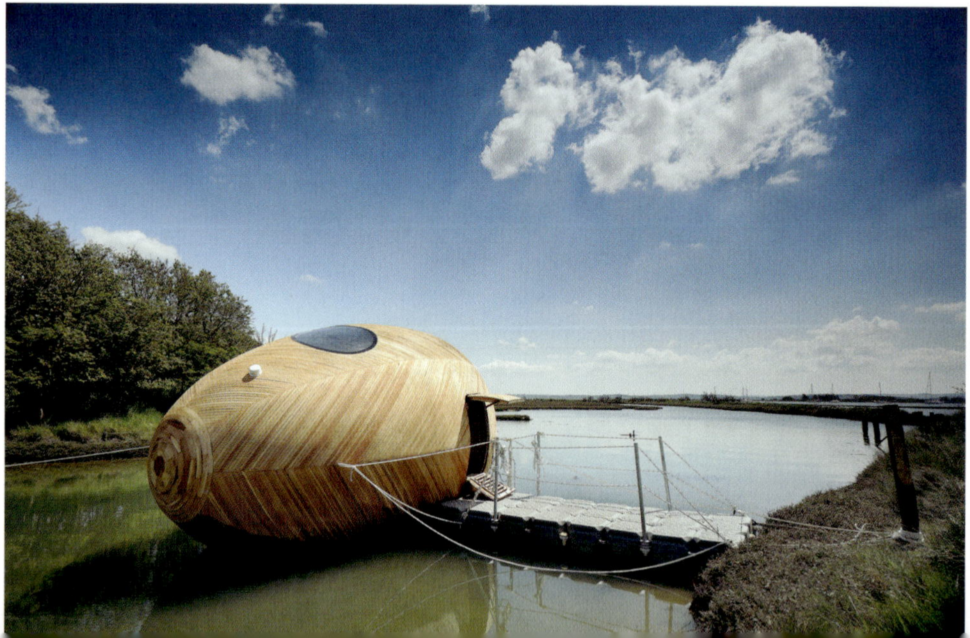

MARINGOTKA

variabler Standort 2014
Miramari Design

24 m²

Ob als Ferienwohnung, Wochenend-
häuschen oder Gästezimmer, dauerhafter
Wohnsitz oder vorübergehende Unterkunft – Maringotka lässt sich vielfältig
nutzen. Die Architekten von Miramari
Design in Prag haben mit dem modernen
»Wohnwagen« eine flexible Wohnlösung
entworfen, die komfortables Leben mit
engem Kontakt zur Natur auf kleinstem
Raum möglich macht. Gebaut ist der
Wagen aus Fichtenholz, das sowohl für
die äußere Hülle als auch für den Innenausbau zum Einsatz kommt, Fenster und
Tür sowie der große Schiebeladen vor der
Verglasung sind aus Aluminium. Dank
des Fahrgestells aus Stahl ist Maringotka zwar transportabel, aber nicht als
fahrende Unterkunft gedacht, da es die
vorgeschriebenen Maße für europäische
Straßen überschreitet.

Für die Aufteilung im Inneren stehen
grundsätzlich zwei verschiedene Op-
tionen zur Verfügung, die sich je nach
Wünschen des Kunden entsprechend
anpassen lassen. Beide haben eine voll
eingerichtete Küche und ein Bad mit
Toilette, Waschbecken und Dusche. Die
in den Fotos gezeigte Version hat auf
der einen Seite des Wagens ein großzügiges eingebautes Bett, der Esstisch steht
in der Mitte des Raums. Durch die verglaste Vorderfront kann man von dort
den Blick in die Umgebung genießen.
Bei der zweiten Variante, die mehr Stauraum bietet, lässt sich zusätzlich zu der
abgeschlossenen Bettnische die Essecke
in eine weitere Schlafstätte verwandeln.
Mit doppeltverglasten Fenstern, gut
gedämmten Wänden und verschiedenen
Heizmöglichkeiten ist die gemütliche Behausung das ganze Jahr über bewohnbar.

Option 1

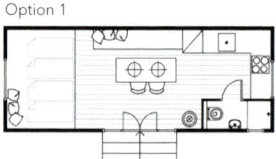

Option 2

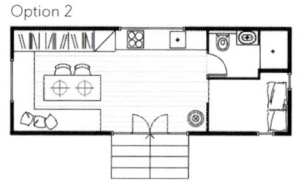

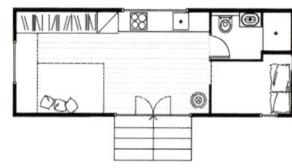

CABANAS NO RIO

Comporta, Portugal 2013
Manuel Aires Mateus

26 m²

Etwa eine Stunde südlich von Lissabon liegt das Naturschutzgebiet um die Mündung des Flusses Sado. Die Gegend ist bekannt für weiße Strände, grüne Reisfelder und seine Vielfalt an Flora und Fauna. Ein ganz besonderes Bauwerk dort ist das Pier in Carrasqueira, ein System aus Laufstegen, das die Fischer vor langer Zeit errichteten, um bei Ebbe besser ihre Boote erreichen zu können. Von diesem ließ sich der Architekt Manuel Aires Mateus inspirieren, als er die zwei kleinen Hütten mit den flachgeneigten Dächern direkt am Ufer des Sado entwarf. Sie sind komplett aus wiederverwendetem Holz von alten Fischerhütten errichtet, einem

Material also, das bereits eine Geschichte mitbringt und sich im Laufe der Zeit durch Sonne, Regen und Wind weiter verändern wird. Die winzigen Ausmaße erlaubten es, beide Kuben vollständig vorzufertigen und sie dann per Lkw an ihren vorgesehenen Standort zu transportieren.

Die beiden Häuschen umfassen je etwa 13 Quadratmeter und sind als Ferienunterkunft für zwei Personen gedacht. In dem einen sind das Schlafzimmer mit Himmelbett, das Bad und die Dusche untergebracht. Die Wand ist zum Teil aufklappbar, sodass sich die Dusche sowohl als Teil des Bads als auch als Freiluftvariante nutzen lässt. Das zweite Häuschen dient als Wohnraum, in den halbhohen Schränken verbirgt sich unter der Holzabdeckung auch eine praktische Küchenzeile mit Herd und Spülbecken. Den Hütten vorgelagert ist eine Terrasse mit eigenem Pier, an dem ein Kanu zum Erkunden der Gegend einlädt. Alles ist extrem reduziert und auf das absolut notwendige Minimum beschränkt, auch die simplen, aber effektvollen Details der Architektur und der Innenausstattung.

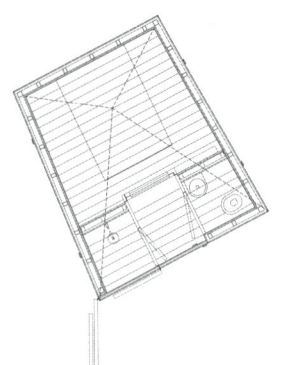

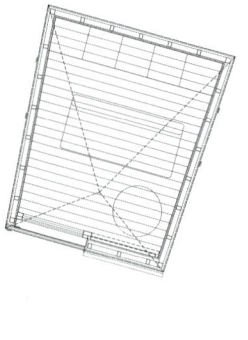

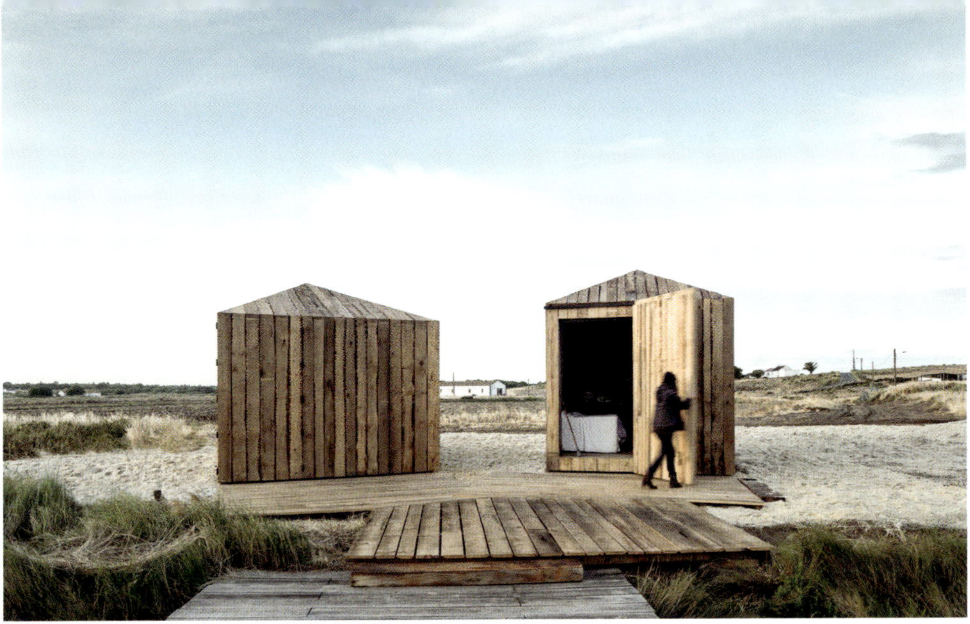

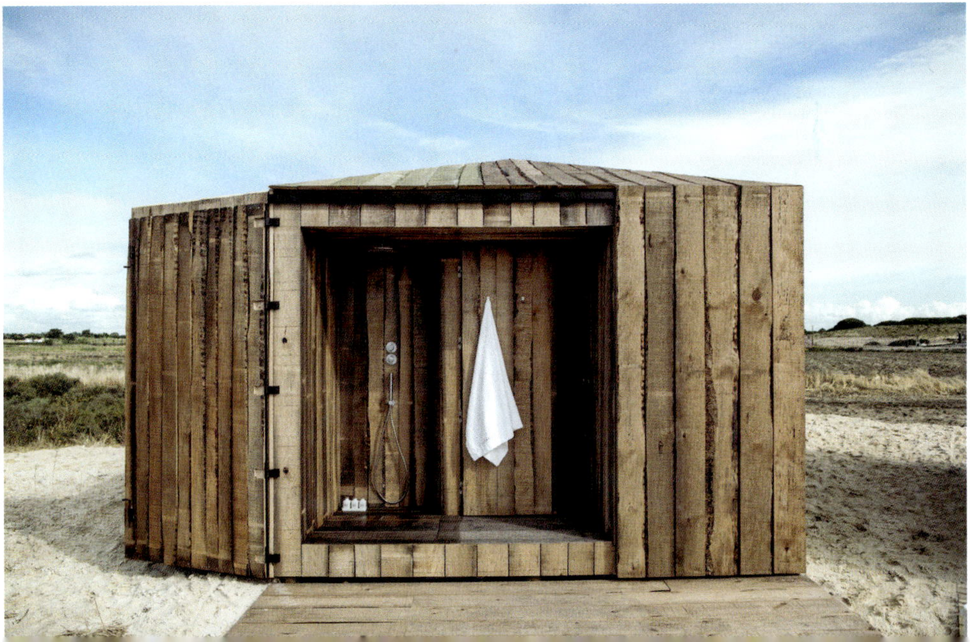

MINIMOD

Maquiné, Rio Grande do Sul, Brasilien 2013
MAPA

27 m²

Das Bauen mit Modulen ist bei kleinen Häusern eine beliebte Vorgehensweise. Mithilfe der vorgefertigten Elemente lässt sich die Fläche beliebig und nach Bedarf erweitern oder verkleinern sowie für die unterschiedlichsten Zwecke einsetzen. Auch der Entwurf MINIMOD (Minimal Modular) des brasilianisch-uruguayischen Architekturbüros MAPA bedient sich dieses Prinzips. Der Prototyp besteht aus vier Modulen, die jeweils 2,40 x 2,40 Meter bei einer Raumhöhe von 2,50 Metern messen. Dabei ist jedem Modul eine Funktion zugeordnet: Schlafen, Wohnen, Kochen/Essen, Bad. Die Anzahl der Module und deren Ausstattung kann vom Kunden jedoch beliebig variiert und angepasst werden – entweder direkt beim Aufbau oder auch nachträglich.

Die einfache rechteckige Box besteht aus einer Stahlrahmenkonstruktion, schwarz gestrichenes Sperrholz und Glas bilden die Fassaden. Dank der Vorfabrikation ist das Aufstellen kein Problem, die Kiste wird per Lkw geliefert und mit einem Kran an den gewünschten Ort gesetzt. Um direkten Kontakt mit Bodenfeuchtigkeit zu vermeiden, stehen die Module leicht

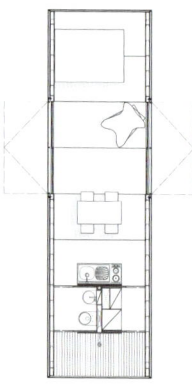

erhöht auf Stahlträgern. Das Gründach dient einerseits der Dämmung, es filtert aber auch das Regenwasser und macht dieses über einen Regenwassertank beispielsweise für die Toilettenspülung nutzbar.

Das Innere des Prototyps ist einfach und funktional. Alle Oberflächen bestehen aus Sperrholz, in die Decke sind energie-effiziente LED-Strahler integriert. Perforierte Klappelemente in der Fassade sorgen für den Sonnenschutz – entweder als Läden vor den Fenstern oder als Vordach. Die großen Glasflächen bringen Licht und Luft in die kleine Behausung, die nur aus einem Raum besteht, in dem das Bad jedoch durch Sperrholzschiebetüren abtrennbar ist. Je nach Standort empfiehlt sich für die an der komplett verglasten kurzen Gebäudeseite gelegene Dusche ein Sichtschutz …

hOMe

Ashland, Oregon, USA 2013

Gabriella und Andrew Morrison

29 m²

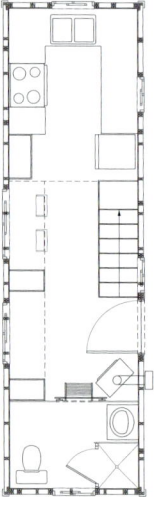

Andrew und Gabriella Morrison lebten mit ihre Tochter den amerikanischen Traum in einem komfortablen Haus – bis sie sich eines Tages fragten, ob es auch andere Möglichkeiten gibt, als monatlich große Summen für die Abzahlungen auszugeben. Sie wollten aus dem System ausbrechen, trennten sich dazu vom größten Teil ihres Besitzes und überlegten mehrere Monate in einem Wohnwagen an einem Strand in Mexiko, wie sie in Zukunft leben wollten.

Die Lösung ist hOMe, ein winziges Haus auf Rädern, das jedoch keinerlei Komfort vermissen lässt. Die Familie konnte es für gerade mal gute 33.000 US-Dollar bauen und komplett einrichten – ein Betrag, der unter dem liegt, was viele allein als Anzahlung für ihr Traumhaus hinblättern müssen. Obwohl der »Wohnwagen« nur 2,60 Meter breit und 8,50 Meter lang ist, wirkt er im Inneren mit seiner hohen Decke und der cleveren Aufteilung geräumig und luftig. Und bleibt dennoch unter den Maßen, die einen Transport auf der Straße in den USA ohne Sondergenehmigung möglich machen.

hOMe verfügt über eine voll eingerichtete Küche sowie ein funktionales Bad mit Dusche und Komposttoilette, außerdem ist ausreichend Stauraum über die Fläche verteilt. Auf der unteren Ebene befinden sich zudem ein Home-Office-Bereich und ein Esstresen entlang der Fenster. Eine bequeme Treppe, die gleichzeitig Regalfächer aufnimmt, führt nach oben zur über der Küche gelegenen Ebene, die als Schlafzimmer dient. Auf der anderen Seite erreicht man über eine verschiebbare Leiter den Loungebereich mit dem Fernseher. Über die vielen Fenster wird der Raum gut belichtet, geheizt wird mit einem Holzofen. Auf der Außenseite ist die Box mit Holz verkleidet, eine signalrote Haustür lädt Besucher ein.

Um auch andere von ihrer Idee des Lebens auf winzigem Raum zu begeistern, hat das Paar eine Website ins Leben gerufen, auf der Interessenten die Pläne für hOMe bestellen können und viele wertvolle Tipps zum Bau eines eigenen kleinen Hauses erhalten.

NOMAD LIVING

Vale da Vila, Portugal 2010
Studio Arte

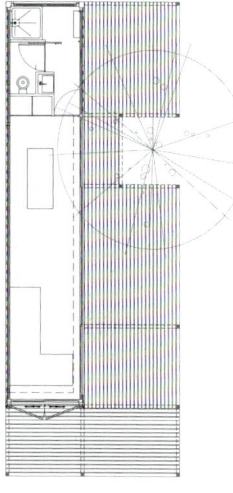

Häuser aus Schiffscontainern sind definitiv was ganz anderes im Vergleich zu traditionellen Bauweisen. Sie erfüllen außerdem gleich mehrere Bedürfnisse: einfaches Leben, weniger überflüssiger Besitz, örtliche Flexibilität, sind umweltfreundlich, günstig und individuell. Zudem sind die für den Überseeschiffstransport ausgelegten Stahlboxen feuer- und wetterbeständig sowie einfach in der Wartung, und wenn der Platzbedarf wächst, kann man einfach weitere Container ergänzen. Die Standardmaße für Container betragen ca. 20 Fuß (ca. 6 Meter) oder 40 Fuß (ca. 12 Meter) in der Länge und 8 Fuß (ca. 2,45 Meter) in der Breite, was eine Fläche von etwa 15 beziehungsweise 30 Quadratmetern ergibt.

Für den Prototyp von Nomad Living an der Algarve in Portugal nutzte Arnold Aarssen von Studio Arte einen 40-Fuß-Container, gestrichen in knalligem Orange. Das Innere besteht aus einem großen Raum, der zum Wohnen, Essen und Schlafen dient. An einem Ende ist ein kleiner Bereich als Bad abgetrennt, zum Kochen kann die Outdoor-Küche des nahe gelegenen Haupthauses genutzt werden. Eine umlaufende Terrasse, die mit dem Innenraum über großzügige Glasschiebetüren verbunden ist, erweitert den knappen Raum. Zudem sorgen die großen Öffnungen für einen willkommenen Luftdurchzug im Container. Auch eine Überdachung und luftige Vorhänge sollen die Behausung im warmen Klima des südlichen Portugals vor zu großer Hitze schützen. Werden die Vorhänge zugezogen, lässt sich mehr Privatheit sowohl im Freibereich als auch im Inneren schaffen. Hotelzimmer, Gästeapartment, Home Office oder Atelier – das Containerhaus bietet eine funktionale Hülle für vielseitige Einsatzmöglichkeiten, die sich nach Belieben an individuelle Wünsche und Bedürfnisse anpassen lässt.

FILLY ISLAND COTTAGE

South Cerney, Gloucestershire, Großbritannien 2015
Mouse Martin, Matt Edwards

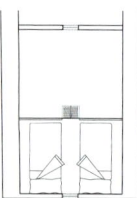

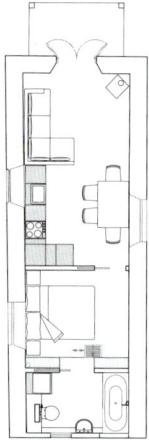

Als die Keramikerin Mouse Martin erfuhr, dass das Cottage auf Filly Island zum Verkauf stand, machte sie sofort ein Angebot und innerhalb weniger Stunden gehörte es ihr. Seitdem hat sie mit viel Liebe zum Detail das damals heruntergekommene Häuschen in ein gemütliches Heim verwandelt, das sie auch als komfortables Ferienhaus vermietet, wenn sie selbst im Ausland unterwegs ist.

Das auch *draycott* genannte, um 1750 errichtete Gebäude war ursprünglich ein Unterstand für den Pferdekarren – *dray* bedeutet Pferd, *cott* Karren – der benachbarten Wassermühle, später diente es als Lager und Garage, bevor es in den 1970er-Jahren zum Wohnhaus umgebaut wurde. Die neue Besitzerin entkernte das Cottage 2014 vollständig, nur die Außenwände und das Dach blieben stehen. Dabei hatte sie Glück, die freigelegten Holzbalken im Dach waren in gutem Zustand und prägen heute mit rustikalem Charme den Innenraum. Am Giebel ist ein Teil des originalen Mauerwerks unverputzt belassen. Die Bauvorschriften machten den Einbau einer Brandschutz-

wand notwendig, die die Bauherrin mit Wellblech verkleiden ließ – eine Idee, die sie von einem Aufenthalt in Australien mitbrachte. Alle Materialien und Einrichtungsgegenstände in dem Haus sind recycelt, upcycelt, wiederverwendet oder handgefertigt. Alte Türen dienen als Küchenfronten, abgeschliffene Gerüstbohlen als Arbeitsflächen, Löscheimer hängen als Lampen von der Decke, alte Gitterkisten und ein Weinkorb wurden zu Regalen umfunktioniert und einer Wäschemangel als Küchentisch neues Leben eingehaucht. Die Schiebetür als Verbindungselement zwischen Schlafzimmer und Bad ist eine alte Haustür. Um den knappen Raum in dem Cottage optimal zu nutzen, wurde beim Umbau auf einen Flur verzichtet. Stauraum bietet der über dem Badezimmer eingezogene Zwischenboden, auch unter dem Bett lässt sich einiges unterbringen. Die Mischung aus industrieller Anmutung und romantisch-verspielten Details machen das nur über eine alte Steinbrücke erreichbare Domizil zu einem perfekten Rückzugsort.

HIVEHAUS

Dalton, Lancashire, Großbritannien 2013

Barry Jackson

31 m²

Mutter Natur verwendet unterschiedliche Prinzipien, wenn es darum geht, stabile Formen zu bauen. Eine bewährte Form ist das regelmäßige Sechseck, das beispielsweise bei Bienenwaben oder dem Aufbau von Schaumblasen und Schneeflocken zu finden ist. Der britische Bauunternehmer Barry Jackson hat sich für seinen Entwurf eines modularen Hauses einerseits von der Bauweise der Natur, andererseits von den Designideen der Moderne inspirieren lassen: Der Name Hivehaus ist eine Mischung aus dem englischen Wort *beehive* für Bienenstock und Bauhaus, der berühmten Schule für das Neue Bauen. Für sein Konzept entwarf Barry Jackson sechseckige Module, die sich an allen Seiten zu größeren Strukturen zusammenfügen lassen. Mit Seitenlängen von 2 Metern ergibt sich für jede Zelle eine Fläche von 9,3 Quadratmetern. Die Wände können je nach Bedarf mit geschlossenen Paneelen, raumhohen Glasscheiben oder Glasschiebetüren gefüllt werden. So lassen sich abgetrennte Räume schaffen und die Fassaden entsprechend anpassen. Jedes Modul übernimmt eine andere Funktion – Küche, Schlafen, Büro, Bad etc. Das Hivehaus kann an die öffentliche Versorgung angeschlossen werden, funktioniert aber auch autark durch die Nutzung von alternativen Energiequellen wie Solarpaneelen oder Windkraft für die Stromversorgung, durch Sammeln von Regenwasser und den Einsatz von Komposttoiletten.

Die vorgefertigten Zellen werden in flachen Paketen auf Paletten geliefert und lassen sich von zwei bis drei Personen ohne größere Baumaschinen aufstellen. Dank in der Höhe anpassbarer Füße und nur minimalen Anforderungen an die Fundamente ist es problemlos möglich, ein Hivehaus auch auf abfallendem oder unebenem Gelände zu errichten.

Barry Jackson hofft, mit seinem Do-it-yourself-Ansatz und dem günstigen Preis für die Module zum Beispiel auch jungen Leuten den Bau eines Eigenheims zu ermöglichen, das sich durch Ergänzen von Zellen jederzeit geänderten Anforderungen anpassen lässt.

FERIENHAUS

bei Utrecht, Niederlande 2014

Zecc Architecten, Roel van Norel

35 m²

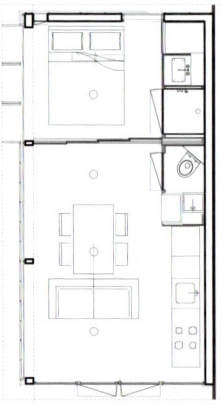

Etwas versteckt zwischen großen Bäumen liegt das Ferienhaus, das Zecc Architecten in Zusammenarbeit mit dem Designer Roel van Norel in der Nähe von Utrecht entworfen haben. Ausgangspunkt war ein bestehendes Gartenhaus, das abgerissen und auf dessen Fundamenten das neue Gebäude errichtet wurde. Auf den ersten Blick erscheint das Haus mit seiner archetypischen Form sehr simpel, doch beim genauen Hinschauen offenbaren sich die Besonderheiten im Design und in den Details. So ist das Giebeldach nicht symmetrisch, sondern steht auf der einen Seite bündig auf der Außenwand, auf der anderen Seite dagegen kragt ein großzügiger Dachüberstand aus. Die vier Fassaden sind ganz unterschiedlich gestaltet. Während die geschlossene Längsseite mit den gleichen Steinschindeln bedeckt ist wie das Dach, öffnet sich die gegenüberliegende Seite komplett verglast zum umgebenden Grün. Mittels beweglicher Fensterläden lassen sich der Lichteinfall regulieren oder die Fenster

auch ganz verdecken. Für die Holzlamellen der Läden kam ebenso wie für die Verkleidung der hinteren Giebelseite Western-Red-Cedar-Holz zum Einsatz. Die vordere Giebelfront ist transparent und offen, hier liegt auch der Eingang. Küche, Ess- und Wohnbereich nehmen den vorderen Teil des Hauses ein, im hinteren Drittel befinden sich Schlafzimmer und Bad. Sie können durch Schiebeelemente vom restlichen Raum abgetrennt werden. Eine weitere Ebene über diesem Bereich schafft zusätzlichen Raum.

Entlang der geschlossenen Wand reihen sich die notwendigen Installationen auf: Küchenzeile, ein Holzofen, Stauraum, die Toilette sowie Dusche und Waschbecken, die direkt vom Schlafbereich aus zugänglich sind, was im Vergleich zu einem extra Raum als Bad Platz spart. Die Verkleidungen und Türen sind alle sorgfältig aus Eichenholz gefertigt und integrieren so die Servicefunktionen angenehm in den Raum.

MANSHAUSEN ISLAND RESORT

Manshausen Island, Steigen, Norwegen 2015
Stinessen Arkitektur

35 m²

Wo einst reger Betrieb in einem von Nordnorwegens wichtigsten Fischerei- und Handelshäfen herrschte, finden heute Abenteuerlustige, Naturfans und Outdoorsportler ein ungewöhnliches Urlaubsresort. Børge Ousland, ein norwegischer Polarforscher, errichtete mit dem Architekten Snorre Stinessen aus Tromsø vier Hütten. Diese bieten den Gästen sowohl Komfort als auch die unmittelbare Nähe zur wilden Natur und dem rauen Klima der nördlich des Polarkreises gelegenen Insel Manshausen.

Ausgangspunkt für das Resort waren ein altes Bauernhaus, das renoviert wurde und heute die Gemeinschaftsräume wie Küche, Speiseraum und eine Bibliothek beherbergt, sowie die alten Hafenmauern, auf denen nun drei der Hütten liegen. Jede Unterkunft ist individuell ausgerichtet, um gleichzeitig das bestmögliche Panorama zu gewährleisten wie auch ausreichend Privatsphäre zu schaffen. Das jeweils hintere Ende mit der Lärchenholzfassade ist dabei fest im Boden verankert, während der verglaste Teil über das Wasser kragt. Aus logistischen Gründen kam eine komplette Vorfertigung der Häuser

nicht infrage. Die Bauteile der Holz-Stahl-Struktur wurden jedoch vorgefertigt und dann auf die Insel transportiert. Alle Materialien und Konstruktionen sind sorgfältig so ausgewählt, dass sie den harschen klimatischen Bedingungen mit hohen Windgeschwindigkeiten und heftigen Regen- und Schneefällen standhalten. Die Unterkünfte sind jeweils für bis zu vier Personen ausgelegt. Der Eingangsbereich hinter der massiven Schiebetür aus Holz bildet eine Art überdachte Terrasse, kann aber auch als Lager für Boote und anderes Equipment dienen. Von hier betritt man sowohl das separate Schlafzimmer als auch den Hauptraum mit Küchenbereich, Bad und einem Doppelbett. Die raumhohe Panoramaverglasung bietet atemberaubende Aussichten auf die Umgebung – die sich auch liegend vom Bett aus genießen lassen.

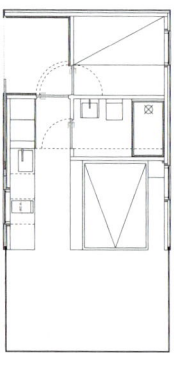

THOREAUS HÜTTE

Noorderpark, Utrecht, Niederlande 2015

cc-studio

35 m²

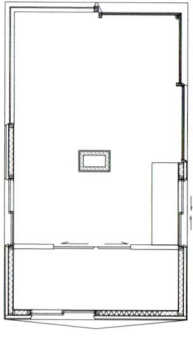

Henry David Thoreau, der amerikanische Autor, Gesellschaftskritiker und Naturforscher, ist eines der Vorbilder der Tiny-House-Bewegung. Sein 1954 veröffentlichtes Buch *Walden oder das Leben in den Wäldern* gilt als eine Art Bibel für einfaches, naturnahes Leben. Nach ihm ist die Hütte benannt, die das niederländische Architekturbüro cc-studio im 5.900 Hektar großen Noorderpark in Utrecht baute. Der Unterstand dient zum einen als Lager, zum anderen als Schutzhütte für die Freiwilligen, die im Park arbeiten. Er liegt verborgen im üppigen Grün der umgebenden Bäume, das Dach ist im hinteren Teil so abgeschrägt, dass der Baukörper erst im allerletzten Moment sichtbar wird, wenn man sich ihm nähert. Auf der anderen Seite öffnen zwei große Schiebetüren eine komplette Gebäudeecke zur davorgelegenen Lichtung und verbinden so den Innenraum direkt mit der Natur. Der Grundriss umfasst einen großen Aufenthaltsbereich, in dem der skulpturale Kamin aus Beton mit dem Holzofen das prägende Element bildet.

Gleichzeitig stützt er das Dach. Die weitere Einrichtung des mit Sperrholzplatten ausgekleideten Raums besteht aus einem Tisch, einer Küchenzeile, einer Schlafkoje sowie einem Wasch- und Lagerraum. Strom und fließendes Wasser gibt es nicht, dafür einen nahe gelegenen Brunnen und eine Wasserpumpe mit einem kleinen Tank in der Küche. Geheizt und gekocht wird mit Holz, sehr naturnah also. Dazu passt, dass sich die Hütte – auch dank der grünen Aluminiumverkleidung – zurückhaltend in ihre Umgebung einfügt, anstatt sie visuell zu dominieren. Man kann sich fast vorstellen, wie Thoreau an diesem einfachen, aber eleganten Rückzugsort seinen Bestseller verfasst.

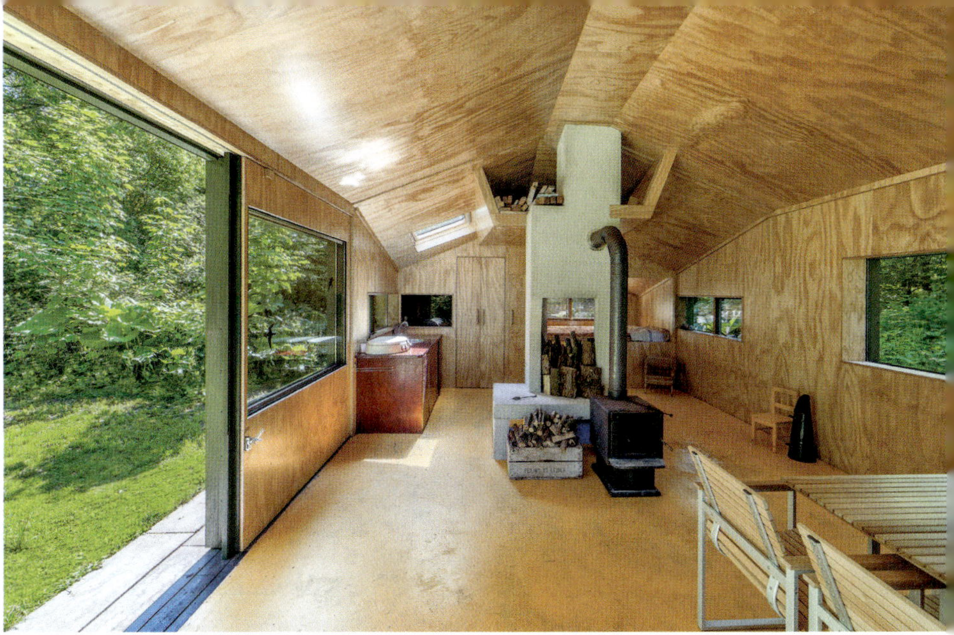

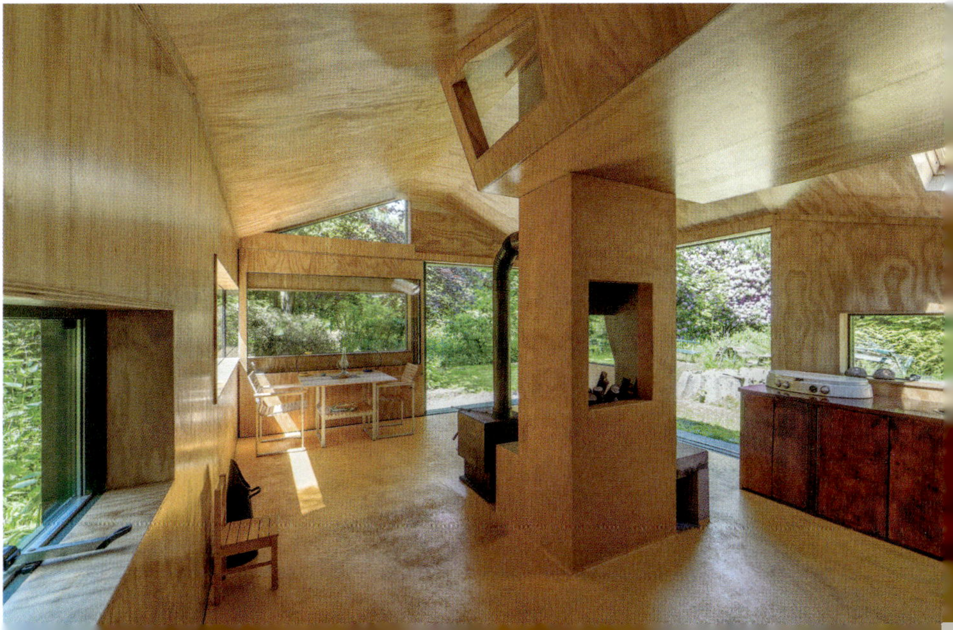

REFUGI LIEPTGAS

Flims, Schweiz 2012

Nickisch Walder

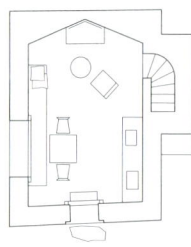

35 m²

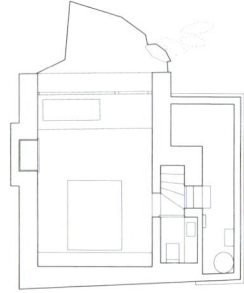

Aus der Ferne betrachtet erscheint das Refugi Lieptgas wie einer der vielen verfallenden Unterstände und Scheunen, die über die Berghänge verstreut liegen. Doch wer sich der Hütte nähert, macht eine erstaunliche Entdeckung: Statt der vermuteten Holzstruktur erweist sich der Bau als Betonkonstruktion.

Die jungen Architekten Selina Walder und Georg Nickisch erhielten den Auftrag, eine bestehende Hütte neuzubauen, dabei aber deren Charakter beizubehalten. Sie fokussierten mit ihrem Entwurf darauf, die Atmosphäre des Standorts zu erhalten – die Verlassenheit als ein Zeugnis vergangener Zeiten. So entstand die Idee, den bisherigen Unterstand zu »versteinern« – und zwar dadurch, dass die alten Rundhölzer die Schalung für die neue Betonstruktur bildeten und damit sozusagen ein negatives Abbild der alten Almhütte entstand. Das neue Ferienhäuschen präsentiert sich eindeutig als ein

Stück moderner Architektur, dennoch integriert es sich völlig selbstverständlich in die umliegende Natur.

Auch im Inneren des Hauses bleibt die monolithische Struktur aus Sichtbeton wahrnehmbar. Fenster und Tür sowie Einbauschränke aus hellem Weißtannenholz setzen farbliche Akzente in den grau gehaltenen, wohnlich wirkenden Räumen. Die für zwei Personen konzipierte Behausung bietet im Erdgeschoss Küchenzeile, Esstisch und den Wohnbereich mit einem offenen Kamin, im Untergeschoss liegen die privaten Rückzugsräume Schlafzimmer und Bad. Ein über die ganze Breitseite reichendes Fenster mit Blick auf die Überreste eines Steinschlags vermittelt hier das Gefühl, sich in einer Felshöhle zu befinden.

Wer das ungewöhnliche Refugium selbst einmal erleben will – die Hütte wird an Feriengäste vermietet.

HÜTTE IM WALD

unbestimmter Standort 2015

Tomek Michalski

36 m²

Wer träumt nicht manchmal von seinem persönlichen, perfekten Rückzugsort? Für den polnischen Industrie- und Grafikdesigner Tomek Michalski befindet sich dieser in einem kühlen, nebligen Wald, ein Ort der Ruhe und Entspannung, weit weg vom täglichen Getöse der Großstadt. Und da er seine Vorstellungen vorerst nicht in einem wirklichen Haus umsetzen kann, hat er sich seine Traumhütte kurzerhand in exzellent am Computer erzeugten 3D-Bildern erbaut. Sein Entwurfsziel war eine Behausung, die möglichst wenig in die Natur eingreift. Dazu hat er einen polygonalen Kubus mit asymmetrischem spitzem Dach erdacht, in dem zwei bis drei Personen bequem unterkommen. Das Äußere ist mit schwarzen Paneelen verkleidet, im Innenraum dominiert die

Maserung des für Boden, Decke, Wände und auch die Möbel eingesetzten Holzes. Im Vergleich zur eher düster inszenierten Umgebung wirkt im Inneren alles hell, luftig und heimelig. Große, raumhohe Fensterflächen auf beiden Längsseiten bringen viel Licht und Waldgrün ins Gebäude. Im Erdgeschoss steht in der Mitte des Raums ein Sofa, es gibt eine Küchenzeile, ein Bad und Staufläche. Über eine Leiter klettert man auf die Schlafebene unter dem steilen Dach, wo eine verglaste Dachfläche und die komplett transparente Giebelseite das Gefühl vermitteln, draußen in der Natur unter freiem Himmel zu schlafen.
Bisher sind Tomek Michalskis Ideen nur beeindruckende Bilder, aber wer weiß, vielleicht wird der Traum bald Wirklichkeit.

 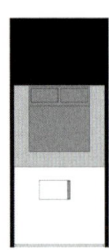 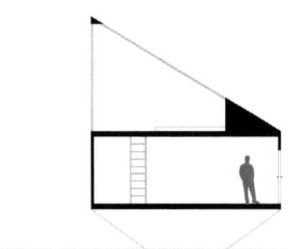

BERT'S BARGE

London, Großbritannien 2015
Rye (Architektur), Laura Fulmine (Innenarchitektur)

37 m²

London ist bekannt für seine exorbitanten Preise, gerade auch bei den Kosten für Wohnraum. Lee Thornley, Gründer der Interior-Design-Firma Bert & May, wollte es wissen: Ist es möglich, mit weniger als 150.000 Britischen Pfund (ca. 198.000 Euro) in der englischen Hauptstadt ein Zuhause zu schaffen, das auch noch hochwertig gestaltet und eingerichtet ist? Bert's Barge beweist: Es geht! Entstanden ist eine schwimmende Einzimmerwohnung, die auf dem Regent's Canal im Londoner Kreativviertel Hackney vertäut ist, direkt neben Thornleys Firmensitz. Alle Bereiche im Inneren des neu gebauten Hausboots gehen fließend ineinander über – Aufenthaltsbereich, Küchenzeile und Schlafzimmer. Im Wohnbereich lässt sich ein Bett aus der Wand klappen, sodass vier Personen bequem übernachten können. Stauraum steht in den Regalen neben der Treppe und im Schlafzimmer unter dem Bett und hinter dem Kopfteil zur Verfügung. Eine Besonderheit ist das Bad, das für die begrenzte Gesamtfläche mit 1,80 x 2,50 Metern recht üppig bemessen ist.

In kleinen Behausungen kommen gern Einbaumöbel zum Einsatz, um Platz zu sparen. Hier entschieden sich die Designer jedoch dafür, wenige sorgfältig ausgewählte Möbelstücke frei im Raum zu platzieren. Die Materialwahl beschränkt sich vor allem auf helle Holzvertäfelung und Marmor, was für einen schlichten, reduzierten Stil sorgt. Große Fenster, zum Teil als klassische Bullaugen ausgebildet, bringen Licht ins Innere, zusätzlich erhellt ein Oberlicht die Raummitte.
Das Boot verfügt über eine Fußbodenheizung, ergänzend ließ Lee Thornley einen Holzofen einbauen. Grundsätzlich war das Gewicht beim Innenausbau kein Problem, wichtig ist nur, dass es gleichmäßig verteilt ist. Daher mussten für den Ofen und auch die Marmorarbeitsplatte der Küche jeweils Gegengewichte geschaffen werden.
Erklärter Lieblingsplatz ist die Terrasse auf dem Dach. Von hier kann man wunderbar die Umgebung und das Leben auf dem Wasser beobachten. Und weil die Lage so schön ist, soll das Boot bald Teil eines schwimmenden Hotels mit insgesamt fünf solchen Unterkünften sein.

BLOOMING BAMBOO HOME

Cau Dien Town, Hanoi, Vietnam 2013
H&P Architects

Bambus ist ein sehr leichtes, aber dennoch belastbares und vielseitig verwendbares Material. Die Pflanze ist einfach anzubauen und wächst zudem extrem schnell, bereits nach fünf bis acht Jahren lassen sich die Stangen für den Bau einsetzen – Holz benötigt im Vergleich dazu 20 bis 50 Jahre Wachstumszeit. In Asien gilt das Süßgrasgewächs als eine Art Universalmaterial, aus dem Gebäude, Möbel, Papier, Medizin, Musikinstrumente und Nahrungsmittel hergestellt werden. »Wir können ohne Fleisch leben, aber ohne Bambus sterben wir«, soll Konfuzius gesagt haben.

Die Architekten von H&P aus Hanoi erforschen mit ihrem Prototyp des Blooming Bamboo Home das Potenzial des Materials für modulare Häuser, die den in Vietnam häufig auftretenden Überschwemmungen standhalten können. Das Basismodul misst 3,30 x 6,60 Meter, für die Grundstruktur werden die einzelnen Module einfach zusammengeschraubt oder -gebunden. Als Füllung für die Wände kommen lokale Materialien wie Bambusgeflecht, Holzfaserplatten oder Blätter der Kokospalme zum Einsatz.

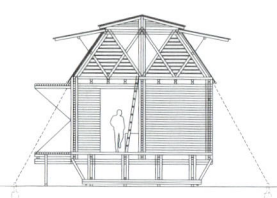

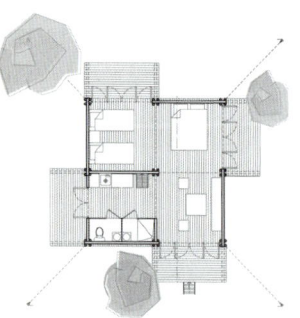

Durch die Modulbauweise ist es möglich, die Bambuskonstruktion in nur 25 Tagen zu errichten.

Über ebenfalls aus Bambus gefertigte Leitern betritt man die erhöht auf Pfählen errichteten Bauten. Der Raum unter den Gebäuden ist als Garten nutzbar oder zur Haltung von Tieren, sollte Hochwasser auftreten, kann das Wasser einfach unten durchfließen. Bis zu 1,50 Meter hohe Überschwemmungen können die Bambushäuser dadurch unbeschadet überstehen.

Im Inneren ist die untere Ebene als Wohn- und Schlafbereich vorgesehen, auch das Bad und die Küche sind hier untergebracht. Die über Leitern erreichbare obere Ebene kann je nach Bedarf Büro oder Gebetsraum sein. Sowohl Teile der Wände als auch des Dachs lassen sich zur Belüftung öffnen. Wenn bei Nacht das Licht aus dem Inneren durch die Ritzen der Bambusrohre dringt, erinnern die Gebäude an die leuchtenden Himmelslaternen, die die Menschen im asiatischen Raum an Festtagen traditionell steigen lassen.

ISLAND BAY HOUSE

Wellington, Neuseeland 2011
WireDog Architecture

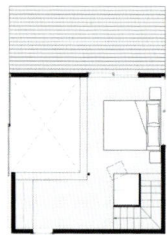

50 m²

Traditionelle Wohnhäuser sind nicht das Ding von Architekt Andrew Simpson und Krysty Peebles. Nachdem sie in mehreren sehr unorthodoxen Behausungen gelebt hatten, fiel natürlich auch der Entwurf für das selbstgebaute Wohnhaus ungewöhnlich aus.

Das Haus liegt auf einem sehr kleinen Grundstück an einem steilen Hang und bietet eine atemberaubende Aussicht auf die Island Bay. Von außen ist der Bau mit seiner Wellblechverkleidung eher unscheinbar, doch nach dem Betreten durch die seitlich gelegene Haustür erlebt der Besucher eine Überraschung. Das Innere wirkt dank der doppelten Raumhöhe und der auf voller Höhe verglasten Westseite unerwartet luftig und geräumig. Andrew Simpson ließ sich dafür von den Entwürfen des japanischen Architekten Makoto Masuzawa aus den 1950er-Jahren inspirieren. Dank des offenen Konzepts können die einzelnen Bereiche voneinander Raum »ausleihen«, wie es der Architekt nennt. Das auf der Galerie

liegende Schlafzimmer wirkt zum Beispiel größer, als es ist, weil es vom Blick in den Wohnraum profitiert, ebenso die Küche und die Arbeitsecke im oberen Geschoss, die auch den Bürositz von WireDog Architecture darstellt. Die Brüstungen der Galerie sind alle als Regale ausgebildet, um die Raumnutzung zu maximieren. Im Erdgeschoss gibt es eine gemütliche Sofaecke mit Fernseher, in der weitere Regale Platz bieten.

Auf der vorgelagerten Terrasse fühlt man sich durch die umliegende Vegetation fast wie in einem Baumhaus. Durch die große Glasfassade in Kombination mit der sehr guten Wärmedämmung lässt sich das Haus mit den solaren Gewinnen durch die Sonneneinstrahlung heizen, sogar in den Wintermonaten. Damit erfüllt der Architekt auch seine eigenen Ansprüche an ein umweltgerechtes und wirtschaftliches Haus, das mehr das Gefühl von Raum als den Raum an sich maximieren soll.

VIPP SHELTER

Südschweden 2014

Morten Bo Jensen (Vipp-Chefdesigner)

55 m²

»Sie stellen die Wildnis zur Verfügung, wir kümmern uns um den Rest«. So formuliert Kasper Egelund, Geschäftsführer der dänischen Firma Vipp, die Idee hinter dem Shelter. Da der Hersteller für Badezimmer- und Küchenzubehör im Bereich des Industriedesigns zu Hause ist, gingen die Kopenhagener auch ihr Projekt für einen Zufluchtsort in der Natur entsprechend an. Funktionalität und Effizienz sind die Stichworte. Wer eines ihrer Häuschen erwirbt, kauft ein fertiges, unveränderbares Produkt und damit die Freiheit, keine Entscheidungen mehr treffen zu müssen – das durchdachte Design ist von der Küche und der Badkeramik über das Tagesbett und die Regale bis hin zu Accessoires wie der Toilettenbürste inklusive. Selbst die Farben sind bereits festgelegt, alles ist in Schwarz, Weiß und Grautönen gehalten.

Der Vipp Shelter besteht aus einem Stahlrahmen mit einer gestrichenen Stahlfassade und ist auf einem kompakten rechteckigen Grundriss aufgebaut. Da er aus vorgefertigten Modulen besteht, lässt er sich in wenigen Tagen bezugsfertig aufbauen. Dank raumhoher Schiebefenster kann das Haus auf einer Seite über die gesamte Länge geöffnet werden. Auf der Rückseite ist die eine Hälfte ebenfalls mit Schiebefenstern ausgestattet, die den Blick durch das Gebäude hindurch in die Natur erlauben und diese optisch in den Raum übergehen lassen. Die andere Seite des an einen Container erinnernden Volumens ist geschlossen, hier liegen der Eingangsbereich und das Bad. Ein Aufbau mit Oberlicht über dem Küchenbereich sorgt für zusätzliches Tageslicht, im zweiten Aufbau, der über eine Leiter erklommen wird, ist das Bett untergebracht – Blick in den Sternenhimmel mit inbegriffen.

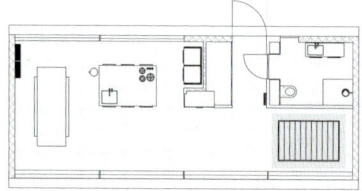

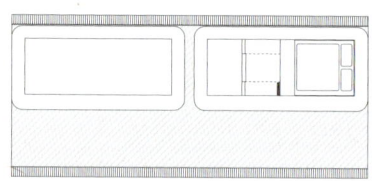

BEACH HAMPTON

Amagansett, New York, USA 2014

Bates Masi + Architects

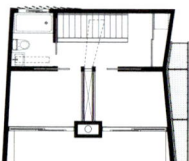

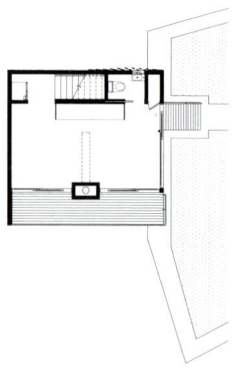

Die am Ostende von Long Island gelegenen Hamptons gelten als Wochenend- und Sommerziel der Superreichen. Die Bauherren des Strandhauses Beach Hampton hatten ihr dortiges Grundstück mit einem kleinen Cottage bereits vor über 40 Jahren erworben, doch der Neubau erforderte aufgrund geänderter Bauauflagen zähe Verhandlungen. Die Vorschriften erlaubten für das Haus eine maximale Grundfläche von ca. 56 Quadratmetern auf zwei Geschossen, während die Gebäudehöhe auf ca. 7,60 Meter begrenzt war.

Die Architekten Bates Masi aus New York spielen mit der Geometrie des Gebäudes, um trotz dieser Begrenzungen ein Gefühl von Großzügigkeit und Luxus in der Wochenendresidenz zu schaffen. Dazu kippen sie die holzverkleideten Wände leicht nach außen und holen zudem so viel natürliches Licht wie möglich in das Innere. Das gelingt einerseits durch die vollständig verglaste Front Richtung Meer, andererseits durch einen Lichtschlitz im Dach, der als Lichtschacht weitergeführt wird. Dieser lässt Tageslicht in den offenen Küchen-, Ess- und Wohnbereich im

Erdgeschoss fallen, und seine Glaswände trennen zumindest akustisch die beiden Zimmer im Obergeschoss. Optisch lassen sich diese auch durch eine in der Decke verborgene Jalousie voneinander separieren.

Um die Geschosshöhen zu maximieren, sind die Decken und auch das Dach möglichst dünn konstruiert, indem keine Leitungen für eine zentrale Klimaanlage und Heizung verlegt wurden. Stattdessen verfügen die Räume über individuell regelbare Technikeinheiten. Im Erdgeschoss gibt es zusätzlich einen Kamin, der sich mitsamt Abzug hinter dem mit dunklem Aluminium verkleideten Quader verbirgt, der bis über das Dach ragt.

Auf der vorgelagerten überdachten Terrasse können die Bewohner die Umgebung genießen, in die sich das Haus dezent einfügt. Das Strandhaus schafft komfortable Wohnbedingungen auf kleinstem Raum und steht seinen wesentlich größeren Nachbarn weder in Lebensqualität noch Funktionalität nach – davon sind Architekten und Bauherren überzeugt.

MOONLIGHT CABIN

Victoria, Australien 2015
Jackson Clement Burrows Architects

60 m²

Gore-Tex, eine mikroporöse Membran, die vor allem für Sport- und Freizeitbekleidung zum Einsatz kommt, ist wind- und wasserdicht, aber atmungsaktiv. Mit ebendiesem Material vergleichen die Architekten Jackson Clement Burrow aus Melbourne die Hülle ihrer Moonlight Cabin – und an der windumtosten Südküste im australischen Bundesstaat Victoria kann ein guter Schutz vor den Elementen wahrlich nicht schaden. Sowohl die Holzfassade als auch die im regelmäßigen Raster durchbrochenen Läden vor den Fenstern bestehen aus einer nur in Australien heimischen Holzart, die dort *spotted gum* genannt wird und die sehr widerstandsfähig sowie dank des lokalen Vorkommens auch nachhaltig ist.

Die Besitzer, eine Familie mit zwei Kindern, nutzen das Haus als Rückzugsort in der Natur und testen mit der sehr begrenzten Fläche gleichzeitig, wie viel oder wenig Platz sie wirklich zum Wohnen brauchen. Ziel der Architekten war es, eine Struktur zu schaffen, die sowohl im Hinblick auf das tatsächliche Volumen als auch in ökologischer Hinsicht einen möglichst kleinen Fußabdruck hinterlässt. Der sehr offen gehaltene Grundriss besteht zum einen aus einem großen Wohn-/Ess- und Kochbereich, zum anderen aus den durch Schiebetüren abtrennbaren privateren Schlafräumen und dem Bad, die alle in einer Art Holzbox in der Mitte des Hauses zusammengefasst sind. Alle Räume sind so effizient wie möglich genutzt, um trotz knappem Platz ein angenehmes Leben für vier Personen zu ermöglichen. Im Freien schafft die Terrasse, die komplett von Holzläden umgeben ist und sich damit beliebig zum Außenraum öffnen oder davon abtrennen lässt, einen weiteren Aufenthaltsbereich.

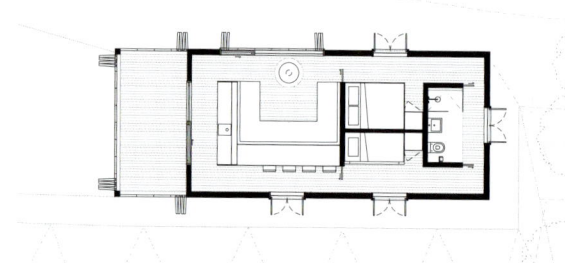

HOUSE AA

Nara, Japan 2013

Moca Architects – Kanako Momma + Shinya Furukawa

64 m²

Das Erste, was dem Betrachter am House AA ins Auge fällt, ist das überdimensionale, steile Dach. Wie ein zu großer Hut sitzt es auf dem kompakten Wohnhaus für eine dreiköpfige Familie, das das japanische Büro Moca Architects aus Nara entworfen hat. Einerseits dient das weit überhängende Dach als Sonnenschutz und schafft auch um das Gebäude herum eine überdachte, schattige Zone. Andererseits schirmt es die Bewohner von der Umgebung ab und erzeugt so ein Gefühl von Privatheit und Sicherheit. Von innen wird die Sicht nach außen durch bewusst gesetzte Öffnungen im Dach gelenkt, sodass der Blick durch die Verglasungen in der Außenwand direkt nach unten in den Garten fallen kann oder durch die Ausschnitte im Dach gerahmt die Umgebung wahrnimmt.

Die Raumaufteilung im Inneren ist insofern etwas ungewöhnlich, als die beiden Schlafzimmer mit dem Bad auf der ca. 36 Quadratmeter umfassenden Eingangsebene liegen. Die Räume werden über kleine Fenster im von außen sehr geschlossen wirkenden Erdgeschoss eher spärlich belichtet. In die Eingangshalle fällt viel Licht aus dem Treppenhaus, in dem eine Holztreppe nach oben führt. Dort befinden sich Küche, Ess- und Wohnbereich. Das obere Geschoss ist als ein offener, lichtdurchfluteter Raum gestaltet, wobei die Sichtverbindungen nach außen die kleine Fläche großzügiger wirken lassen. Zwei kleine Balkone nehmen dort ebenfalls über Dachöffnungen Kontakt zur Außenwelt auf.

PIU 65

Pian bei Fürstenberg/Havel, Deutschland 2012

Björn Götte, Markus Stöcklein

65 m²

Die Inspiration für PIU war »mehr«, italienisch *più* – mehr Leichtigkeit und Unbeschwertheit, mehr Wertschätzung für die kleinen Momente, mehr Sommer im Leben, das ganze Jahr über. Und das Ganze umgesetzt mit »weniger«, vor allem mit weniger Raum, aber auch mit weniger Auswirkungen auf die Natur und auf die Ressourcen für zukünftige Generationen.

Basierend auf dieser Idee entstand eine hochwertige, moderne Holzhausserie, die verschieden große Haustypen von 40 bis 115 Quadratmetern mit jeweils unterschiedlichen Grundrissvarianten umfasst. Alle Häuser sind hochwärmegedämmt sowie auf umweltfreundliche, gesunde Bautechnologie bedacht und lassen sich daher auch ganzjährig als Wohnhaus nutzen. Auch eine Dachbegrünung oder eine Solaranlage sind möglich.

Prototyp der Serie ist PIU 65, das als Sommerhaus für eine Familie gedacht ist und Platz für zwei bis sechs Personen bietet. Um die begrenzte Grundrissfläche optimal ausnutzen zu können, wurden die Flurbereiche so weit wie möglich mini-

miert. Küche und Bad liegen im Zentrum des Hauses, mithilfe von Schiebetüren lassen sich zwei Zimmer vom großzügigen Wohnbereich abtrennen. Übereck öffnet sich der Raum mit bodentiefen Glasflächen zum Garten und schafft einen fließenden Übergang von innen nach außen. Über eine große Schiebetür gelangen die Bewohner auf die vorgelagerte, teilweise abgesenkte Terrasse. Diese wird auf drei Seiten durch eine Überdachung aus Holzlamellen mit einer transparenten Kunststoffabdeckung geschützt, die je nach Sonnenstand reizvolle Muster auf die Fassaden aus Lärchenholz wirft. Für Staufläche sorgen zwei Abstellräume außerhalb des Hauses.

PIU steht auf drei Streifenfundamenten und minimiert damit nicht nur die notwendigen Erdarbeiten, sondern erleichtert auch die Aufstellung am Hang oder auf unebenem Gelände. Die Rohbaumontage mit einem Mobilkran nimmt dank Vorfertigung nur einen einzigen Tag in Anspruch. Kurze Bauzeit und fixe Baukosten – das macht garantiert jeden Bauherrn glücklich.

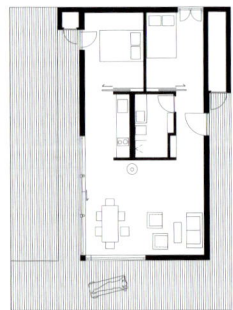

HUNDESALON

Usa, Oita, Japan 2012
Naoko Horibe

66 m²

Dass sich selbst auf kleinstem Raum Wohnen *und* Arbeiten vereinen lassen, zeigt das Gebäude, das die Architektin Naoko Horibe aus Osaka in der japanischen Stadt Usa geplant hat. Auf 66 Quadratmetern bringt sie darin nicht nur die Wohnräume für eine Mutter mit ihrem Kind unter, sondern auch den Hundesalon, den die Bauherrin betreibt. Umgeben von Reisfeldern, passt sich das Haus in seiner Form dem langen, schmalen Grundstück an. Der öffentlichere Teil, der Hundesalon, orientiert sich nach vorn zur Straße hin, während die privaten Räume den hinteren Teil einnehmen. Küche und Bad liegen in der Mitte, sie sind somit vom Salon wie vom Wohnraum aus zugänglich und teilen gleichzeitig die beiden Funktionen des Gebäudes voneinander. Eine Sichtachse verläuft über die gesamte Länge des Hauses, vom Saloneingang bis zum Garten hinter dem Haus, wodurch der Raum größer wirkt, als er mit ca. 18 Metern Länge und nur knapp 4 Metern Breite tatsächlich ist. Ein weiteres Mittel, um mehr Großzügigkeit zu erreichen, sind die weißen Vorhänge, die im Wohnbereich anstatt solider Wände die Zonen voneinander trennen und auch die Staufläche entlang der Wand verbergen. Küche, Wohnen, Essen und auch der Schlafbereich befinden sich alle in einem großen Raum, der bis unter das Pultdach offen ist. Eine Treppenleiter führt nach oben, wo sich unter dem Dach noch ein kleiner Bereich befindet, der nach allen Seiten Einblicke in das Erdgeschoss bietet.

Mit den eher kostensparenden Materialien, die für den Bau zum Einsatz kamen – Holzkonstruktion, Betonfußböden, Metallpaneele für Fassadenverkleidung und Dach –, ist eine ebenso funktionale wie komfortable Wohn- und Arbeitsumgebung entstanden.

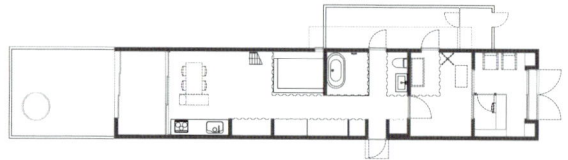
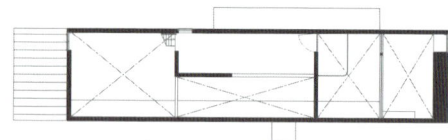

AKTIVHAUS B10

Stuttgart, Deutschland 2014
Werner Sobek

70 m²

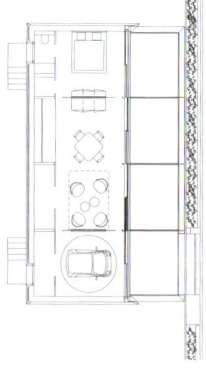

Die 1927 in Stuttgart erbaute Weißenhofsiedlung diente dazu, die innovativen Ideen des Neuen Bauens aufzuzeigen. Dieses Ziel nimmt das dort unlängst als Teil eines Forschungsprojekts errichtete Aktivhaus B10 – kurz für die Adresse Bruckmannweg 10 – auf, indem es neue Formen des Planens, Bauen und Wohnens aufzeigt sowie neue Materialien und Konstruktionen untersucht. Mit seiner einfachen Kubatur und der reduzierten Farbgebung passt sich der Bau perfekt in seine denkmalgeschützte Umgebung ein, doch sein Innenleben hat es in sich. Denn dank eines ausgeklügelten Energiekonzepts und einer vorausschauenden, selbstlernenden Gebäudesteuerung erzeugt das Gebäude 200 Prozent seines eigenen Energiebedarfs aus nachhaltigen Quellen – daher der Name Aktivhaus. Der Überschuss wird dazu eingesetzt, zwei Elektroautos und das benachbarte Weißenhofmuseum mit Strom zu versorgen. Basis des Entwurfs von Werner Sobek ist das von ihm entwickelte Triple-Zero-Konzept – die Holzkonstruktion braucht keine Energie aus dem öffentlichen

Netz, erzeugt keinerlei Emissionen und ist vollständig rückbaubar, produziert also keinen Abfall. Wichtige Kriterien für das kompakte Volumen waren auch die industrielle Vorfertigung und die Transportierbarkeit. Um maximale Flexibilität zu erreichen, wurden vier Module mit Haustechnik, Küche und Nasszelle konzipiert, die vom restlichen Gebäude unabhängig sind und sich beliebig zueinander versetzen lassen. Sie docken an die eigentlichen Aufenthaltsräume an, verkleinern diese also nicht. Auch der in Kochen, Essen, Schlafen unterteilte Wohnbereich ist modular aufgebaut und mittels Trennwänden und Schiebetüren leicht an verschiedene Bedürfnisse anpassbar. Die Terrassenmodule lassen sich hochklappen und verschließen dann die Glasfront zur Straße.

Das vierte Modul ist die Garage, die direkt mit dem Haus verbunden ist. Hier wird das Elektroauto geparkt und aufgeladen. Dank einer Drehscheibe im Boden lässt es sich zum Ausfahren aus der Garage um 180 Grad drehen, sodass nie rückwärts ausgeparkt werden muss.

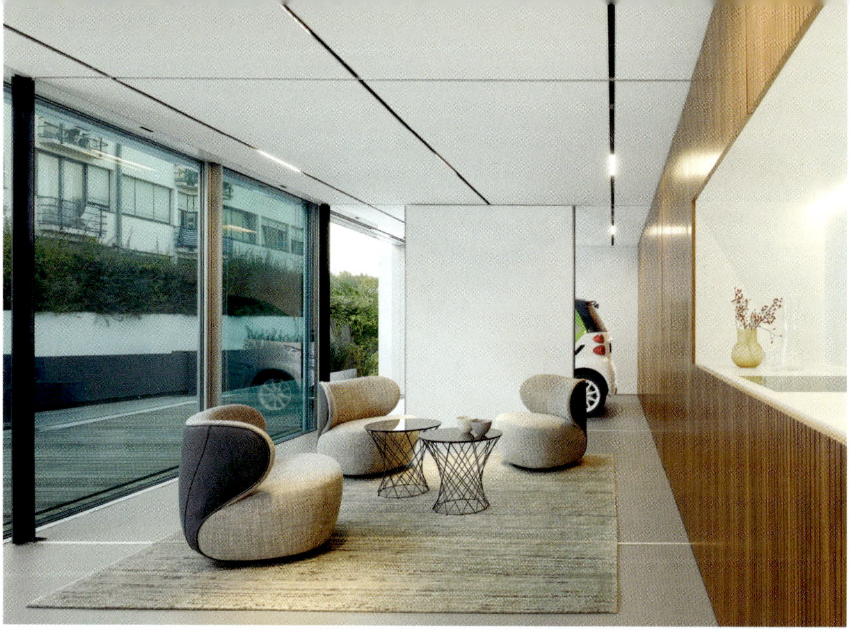

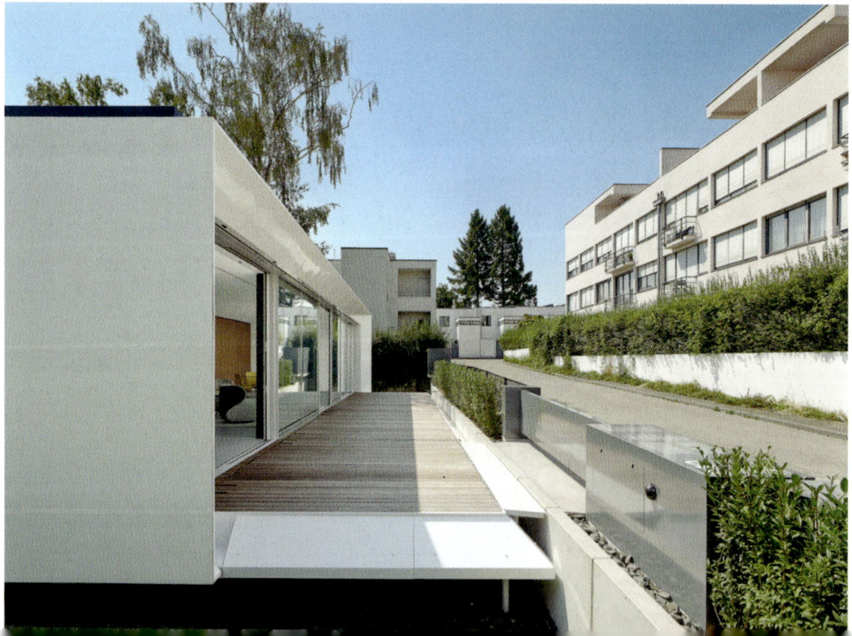

STRANDPAVILLON

Cachagua, Chile 2015

PAR Arquitectos

70 m²

Cachagua mit seinem Sandstrand ist ein beliebtes Ziel für Wochenendausflügler der chilenischen Hauptstadt Santiago de Chile. PAR Arquitectos wurden beauftragt, zu einem etwas erhöht über der Bucht gelegenen Haus eine Ergänzung zu entwerfen, die einerseits einen Grillbereich mit Küche und Lagerraum, andererseits Umkleidemöglichkeiten und eine Dusche bieten sollte. Entstanden ist ein lang gestreckter, in zwei Bereiche geteilter Bau, der direkt neben dem bestehenden Swimmingpool liegt – auf der vorderen Längsseite offen als eine Kreuzung aus Freiluftwohnzimmer und überdachter Terrasse, im hinteren Bereich

geschlossen. Zweigeteilte vertikale und diagonale Holzstützen und -träger bilden das Tragwerk, auf dem das flache Dach aufliegt. Fast ornamental wirkende Holzgitter schließen den offenen Raum an den Schmalseiten ab und sind auch der geschlossenen Wand auf der Außenseite dekorativ vorgeblendet. Eine Sichtbetonwand kontrastiert mit den Holzelementen, sie trennt die Sanitärräume und die Küche vom vorderen Teil. Mittels Schiebetüren auf beiden Seiten lässt sich die Wand vollständig schließen. Auch die entlang der Betonscheibe laufende Sitzbank sowie die Arbeitsfläche und der Grill sind aus Beton gegossen und verbinden sich optisch mit der Wand.

Da der Pavillon nach Südwesten und damit auf der Südhalbkugel von der Sonne abgewandt orientiert ist, sorgen zwei Oberlichter im offenen Bereich und ein auf beiden Seiten entlang der Betonwand verlaufendes Lichtband für ausreichend Tageslichteinfall. Die Möblierung mit einem Tisch und passenden Bänken aus massivem Holz sowie bequemen Korbmöbeln kreiert der Lage entsprechend eine entspannte Picknick- und Strandatmosphäre.

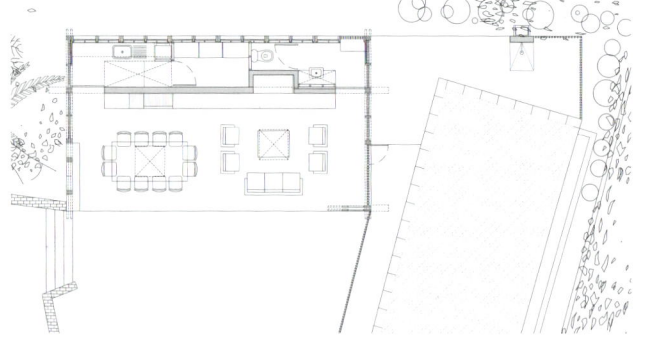

WINKLEY WORKSHOP

London, Großbritannien 2014
Kirkwood McCarthy

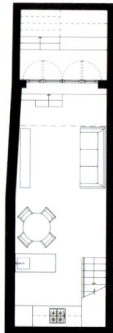

74 m²

Als die Architektin Fiona Kirkwood von ihrem Vorhaben erzählte, eine winzige, heruntergekommene Werkstatt im Osten Londons für sich zum Wohnhaus umzubauen, wurde sie zunächst ausgelacht. Doch mit ausgeklügeltem Design und sorgfältiger Detailplanung hat sie den unter Denkmalschutz stehenden Bau, der an der breitesten Stelle gerade mal 3,70 Meter misst, in ein bemerkenswertes dreistöckiges Heim verwandelt. Das ursprünglich eingeschossige Gebäude wurde aufgestockt und verfügt nun über drei Ebenen, wobei die winzige Grundfläche nur ein Zimmer pro Geschoss erlaubt: Wohn-/Essbereich und Küche liegen im Souterrain, im Eingangsgeschoss befindet sich ein auch als Büro nutzbares Gästezimmer mit Bad und im ersten Stock das Schlafzimmer mit einem weiteren Bad. Trotz der geringen Fläche wirken die Räume alle hell und großzügig. Jeder Quadratzentimeter ist optimal genutzt, beispielsweise mit in Treppen und Balustraden integrierten Schränken und Regalen.

Um Licht und Offenheit in die im unteren Geschoss gelegenen Räume zu holen, ist die Wand zum kleinen Innenhof komplett verglast. Draußen sind die Stufen so angeordnet, dass sie sich auch als Sitzgelegenheit nutzen lassen und den Wohnbereich erweitern. Eine Wand wurde mit hängenden Blumentöpfen bestückt, die eine bisschen Gartenglück ermöglichen und die Bewohner mit frischen Kräutern versorgen. Im Wohnraum ließ die Architektin die gleichen roten Backsteine als Fußboden verlegen wie im Hof, was einen fließenden Übergang zwischen außen und innen schafft und den Raum optisch größer wirken lässt. Das klare Farb- und Materialkonzept sorgt für Ruhe und Übersicht: Backstein, Weiß, Schwarz und Nussbaumholz kehren wieder in Bauteilen wie Böden, Wänden, Treppen, Schränken, Arbeitsflächen sowie in Details wie Geländern, Griffen und Fensterrahmen. Alles ist praktisch, unaufdringlich und von hoher Qualität, was den Winkley Workshop zu einem entspannten Zuhause zum Wohlfühlen macht.

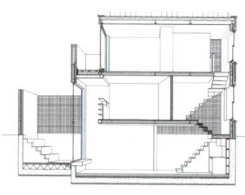

JS HAUS

Sarreyer, Wallis, Schweiz 2014
Alp'Architecture

75 m²

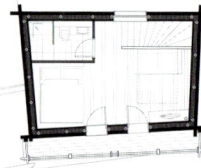

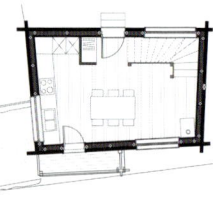

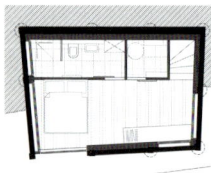

Im Lauf der Jahrhunderte haben sich in vielen Regionen als Anpassung an vorhandene Ressourcen und kulturelle Lebenswelten bestimmte Bauformen herausgebildet, die als vernakuläres Bauen bezeichnet werden. Besonders im Alpenraum beeinflussten die extremen Bedingungen bezüglich Topografie, Klima, Verschattung und Gefahrenzonen die Bauweise stark. Das Interesse an diesen traditionellen Gebäuden steigt zunehmend, immer öfter werden alte Bauernhäuser oder Schuppen renoviert, energetisch saniert und zu Wohn- oder Ferienhäusern umgebaut.

Eines davon ist der ursprünglich 1792 erbaute Schuppen im schweizerischen Val de Bagnes, seinerzeit als Stall für die Tiere im Winter und zum Trocknen von Heu und Getreide genutzt. Gut 200 Jahre später kaufte ein junges Paar das Gebäude, um es in ein Feriendomizil zu verwandeln. Keine einfache Aufgabe. Unter Leitung der lokalen Architekten von Alp'Architecture wurden alle Bauteile nummeriert und das Gebäude danach komplett zerlegt. Auf dem aus Beton neu errichteten Keller entstand ein Haus in

Holzständerbauweise, das anschließend mit den in der Werkstatt vormontierten Wänden aus dem alten Holz verkleidet wurde.

Das Ergebnis sind 75 Quadratmeter Wohnfläche auf drei Stockwerken. Durch das dunkelbraune Holz, das das gesamte Haus prägt, entsteht in Kombination mit den dunklen Farbtönen der weiteren Einrichtung eine stilvolle alpine Atmosphäre. Im Eingangsgeschoss liegt die Küche mit Essbereich, im Geschoss darunter und darüber findet sich jeweils ein Schlafzimmer mit Bad. Im Obergeschoss lässt sich in einem kleinen Wohnbereich bei Bedarf das Sofa in ein weiteres Bett verwandeln. Von hier aus ist auch der Balkon zugänglich, der beste Ausblicke auf die umliegende Bergszenerie bietet. Die ursprünglichen Fensteröffnungen wurden weitgehend belassen, nur im Treppenhaus sorgt eine großzügige Verglasung für mehr Tageslichteinfall.

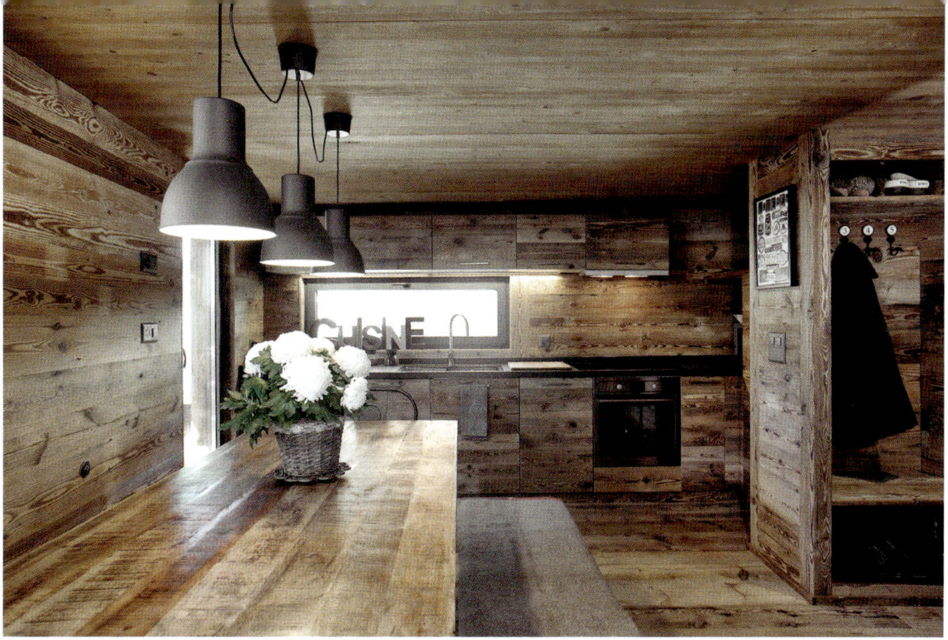

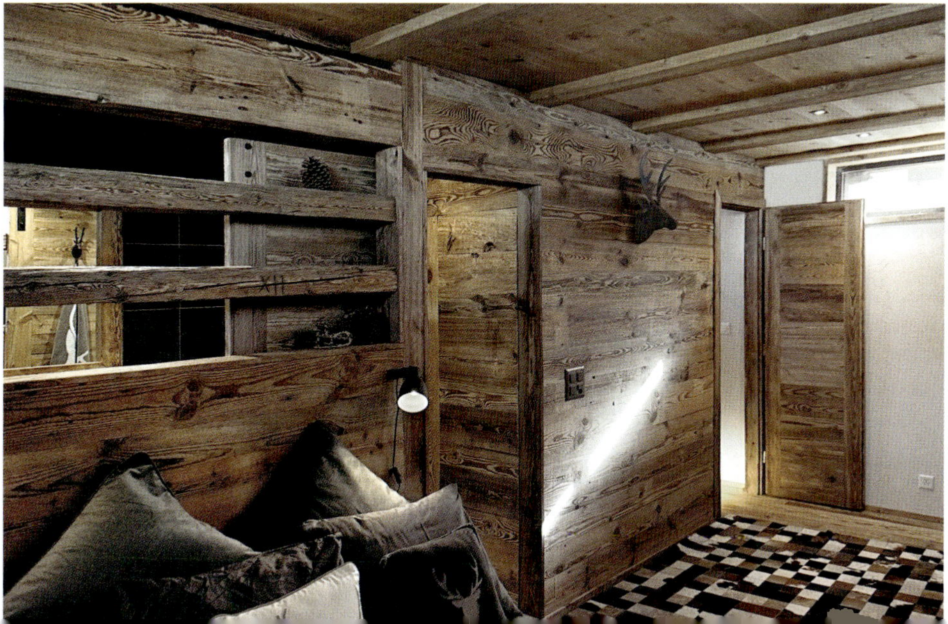

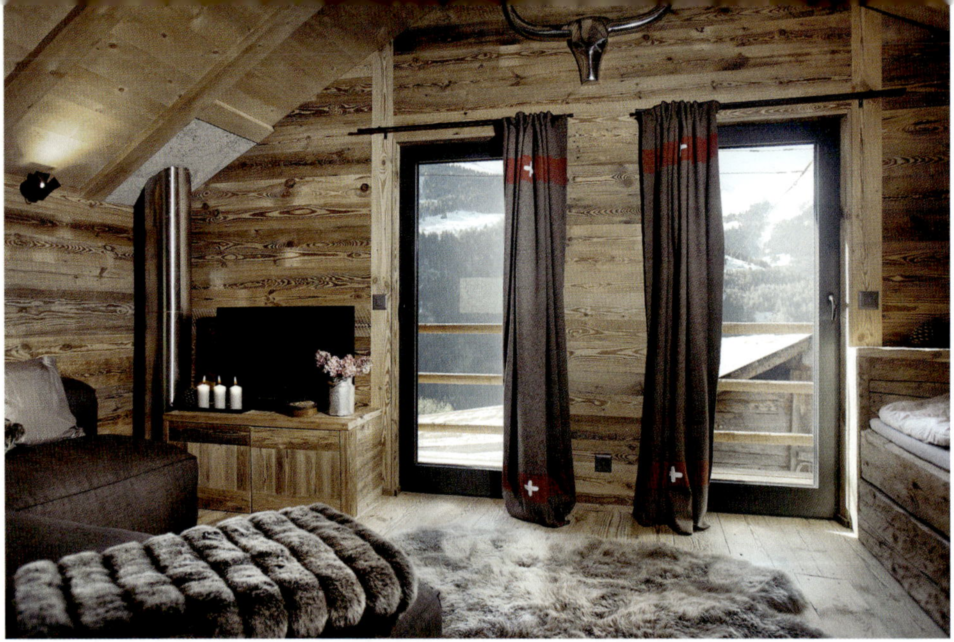

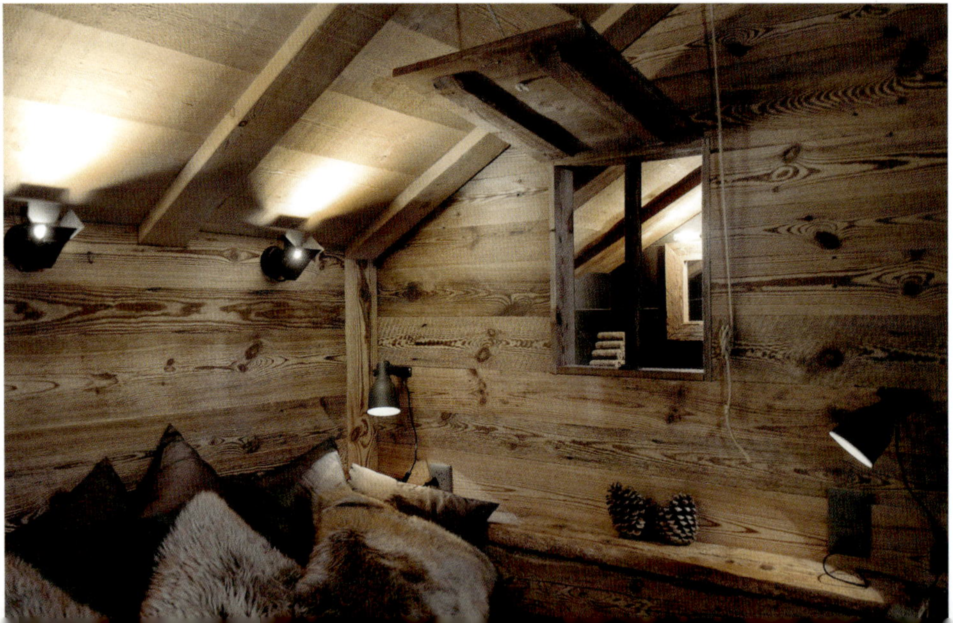

1.8 M WIDTH HOUSE

Toshima, Tokio, Japan 2012

YUUA Architects and Associates – Madoka Aihara & Toshiyuki Yamazaki

80 m²

Nur 2,50 Meter breit und 11 Meter lang ist das Grundstück, das für den Bau eines Hauses für einen Bewohner mit seiner Katze zur Verfügung stand. Trotz dieser sehr begrenzten Grundfläche ist es YUUA Architects gelungen, eine großzügige und lichte Atmosphäre in dem vierstöckigen Gebäude zu schaffen.

Die Architekten betrachteten das Haus als eine Ansammlung von einzelnen »Plätzen«. Diese siedelten sie auf vier Hauptebenen an, die jeweils nach dem Split-Level-Prinzip in zwei Bereiche aufgeteilt sind. Über dem Eingangsgeschoss dient die erste Ebene als Büro und Schlafraum. Der Wohnbereich und die Küche befinden sich auf der zweiten Ebene. Hier dehnt sich die Arbeitsfläche der Küche aus und bildet zuerst den Esstisch, dann

eine Plattform, von der aus eine Leiter auf die Dachterrasse führt. Auf der obersten Ebene liegen das Bad und ein Loungebereich.

Eine Treppe am Ende des langen Volumens verbindet die Ebenen, während einzelne Stufen im vorderen Bereich die Split-Level erschließen. Durch den Verzicht auf Wände entsteht ein Gefühl von Offenheit, das auch von der Treppenkonstruktion unterstützt wird. Diese besteht aus in der Wand befestigten freitragenden Stahlstufen, durch die der Blick in alle Geschosse fällt. Raffiniert werden die Stufen an der Wand entlang weitergeführt, wo sie als Regale dienen.

Eine Schwierigkeit bei langen Bauten besteht stets darin, in der Mitte eine ausreichende Belichtung sicherzustellen. YUUA lösten dies mit einer vollflächig verglasten Eingangsfassade, durch die Licht weit ins Gebäude gelangt. Am anderen Ende des Hauses sorgen Fensterflächen und ein Oberlicht über der Treppe für Helligkeit, im Inneren fällt über die Dachterrasse Licht ein. Die dunkle Farbe der Wände und der Stahlelemente in Kombination mit warmen Holztönen und hellen Oberflächen lassen ein ruhiges und angenehmes Raumgefühl entstehen.

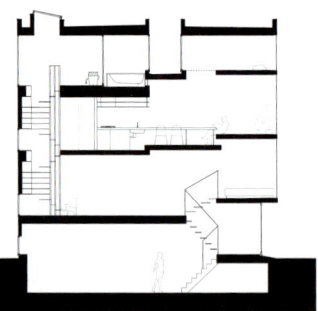

SOMMERHAUS

Västerbyn, Dalarna, Schweden 2014

Leo Qvarsebo

90 m²

Die Aufgabe, die sich der Architekt Leo Qvarsebo als sein eigener Bauherr stellte, lautete: ein Sommerhaus mit Kochgelegenheit innen und außen, einem ruhigen Lesebereich und einem Schlafzimmer unter dem Sternenhimmel. Herausgekommen ist ein ungewöhnliches Haus in Dreiecksform, das der Architekt als Baumhaus für Erwachsene bezeichnet. Den drei Bereichen, die den Entwurf bestimmen, hat er jeweils große Panoramafenster zugeordnet, die sich wie überdimensionale Dachgauben aus der schrägen Fassade schieben. Vor dem Haus öffnet sich eine großzügige Terrasse mit Schaukelgestell für die Kinder. Damit der Spaß auch für die Großen nicht zu kurz kommt, ist auf dem First ein Seil angebracht, an dem man die Fassade nach oben klettern kann, wo eine tolle Aussicht lockt.

Der dreieckige Querschnitt des Hauses schafft eine Hierarchie der Räume, die immer kleiner und intimer werden, je weiter man in der Split-Level-Struktur nach oben gelangt. Im Erdgeschoss befindet sich der geräumige Wohnraum mit Küche und Essbereich, der sich in die große Fensternische erstreckt und über Schiebetüren mit dem Außenraum verbinden lässt. Über ein offenes Treppenhaus, das den Blick in alle Ebenen ermöglicht, erreicht man die oberen Geschosse. Dort liegen die Schlafräume, die Leseecke und ein Arbeitsbereich.

Das komplette Haus ist aus Holz errichtet. Wände, Böden und Decken sind mit Sperrholz verkleidet, die der Architekt von einer alten Puzzle-Firma bekam, die Türen und Fenster sind alle gebraucht. Auch die Treppe und viele der Möbel sind aus Sperrholz gebaut. Somit ist das Feriendomizil ein gelungenes Beispiel für günstiges und ressourcensparendes Bauen.

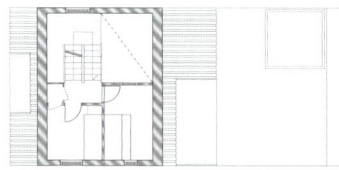
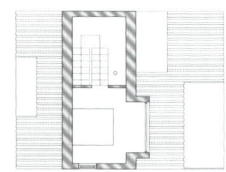

COMPACT KARST HOUSE

Vrhovlje, Slowenien 2014
dekleva gregorič architects

92 m²

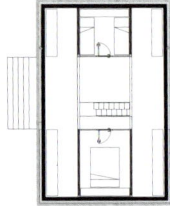

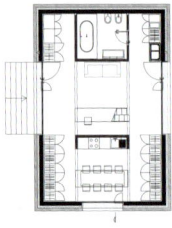

Das Klima im Karst, einer Region im Südwesten Sloweniens, ist rau: im Winter extrem windig und im Sommer sehr heiß. Und es heißt, dass auch die Menschen dort eher schroff seien, hart arbeitend, aber geistreich und mit einem eigenen Sinn für Humor. Dazu passt auch, dass die traditionellen Häuser aus dem vorherrschenden Baumaterial Stein sehr introvertiert und fast fensterlos gebaut sind. Das Architektenduo dekleva gregorič aus Ljubljana greift mit seinem Entwurf für ein Einfamilienhaus nahe der italienischen Grenze und des Meers auf diese lokale Bauweise zurück, interpretiert sie aber gleichzeitig auf zeitgenössische Art. So lehnt sich die archetypische Form zwar an die traditionellen Karsthäuser an, und auch die monolithische Materialität, mit der Wände und Dach ineinander übergehen, verweist auf die örtliche Bautradition. Doch das abgetreppte Betondach ohne Überstand und die Verarbeitungstechnik an den Fassaden zeigen ganz klar, dass es sich um ein modernes Gebäude handelt. Im Inneren war es wichtig, für die vierköpfige Familie eine gemütliche Wohnatmosphäre zu schaffen und den begrenzten Platz intelligent zu nutzen. Die Form des äußeren Steinhauses wiederholt sich im Inneren zweimal als Holzkonstruktion. Diese Häuser im Haus zonieren den offenen Grundriss und bilden im Erdgeschoss einen Koch-/Essbereich, das Wohnzimmer und das Bad. Eine enge Treppe aus gestapelten Holzboxen führt ins Obergeschoss – sie ist ein multifunktionales Element, wirkt als raumtrennende Skulptur, gleichzeitig dient ihre Unterseite im Homeoffice der Hausherrin als Regal. Oben verbindet eine als Spielfläche genutzte Plattform die beiden Schlafzimmer in den hölzernen Häuschen. Anstatt eines Geländers sorgt ein Seilnetz für die Absturzsicherung. Während die Fenster in den Privaträumen im Obergeschoss nur Ausschnitte des Himmels zeigen, rahmen die drei großen Fenster im Erdgeschoss großartige Blicke in die bewaldete Umgebung und auf eine Bergkirche.

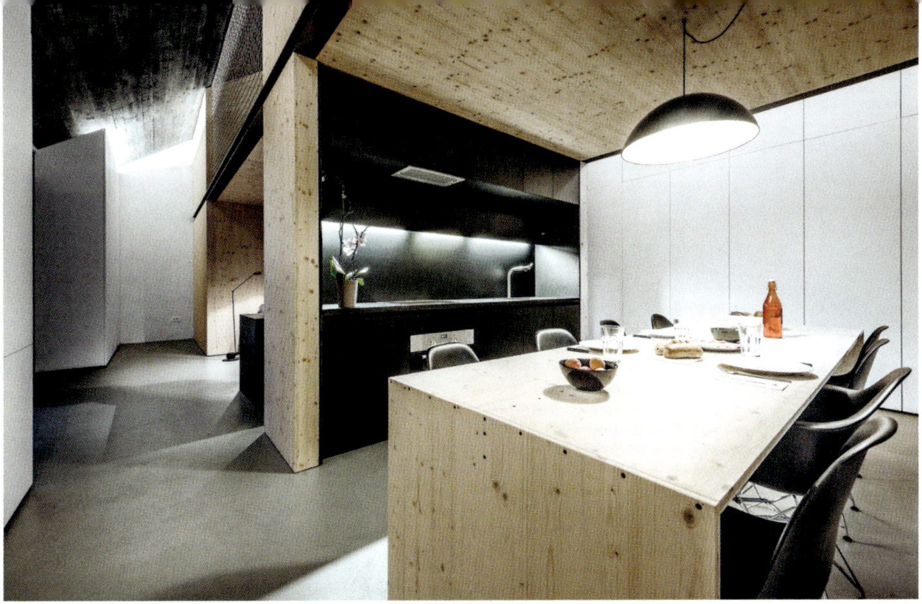

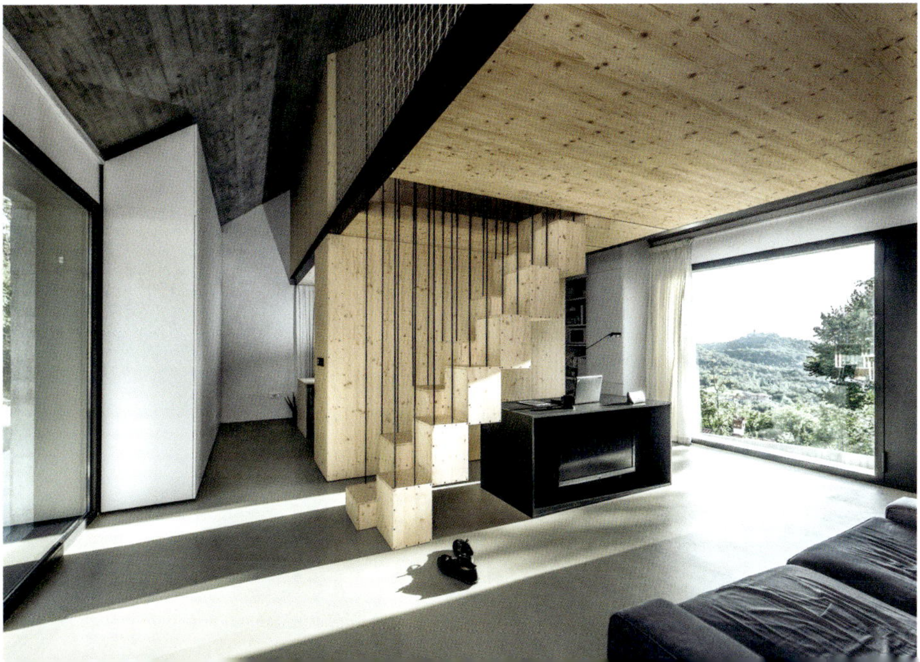

SOLAR DA SERRA

Brasília, Brasilien 2014

3.4 Arquitectura

95 m²

Nahe der lebendigen brasilianischen Hauptstadt leben und trotzdem die Ruhe in der Natur genießen – das Grundstück in einer Wohnanlage am Stadtrand von Brasília macht's möglich. Zwei Vorgaben waren bestimmend für den Entwurf des Wohnhauses: das steil abfallende Gelände sowie die Lage in einem Naturschutzgebiet mit herrlichen Blicken in die umgebende Hügellandschaft. Mit der Idee, das Haus aufzuständern, konnten die Architekten beide Herausforderungen auf einmal lösen. Der kompakte Kubus scheint über dem Hang zu schweben und gleicht dadurch das Gefälle aus, ohne nennenswert in die natürliche Landschaftsform einzugreifen.

Das Raumprogramm für das Wohnhaus für eine einzelne Person ist minimalistisch: ein Wohnraum mit integrierter Küche, eine Arbeitsecke, ein Schlafzimmer, ein Bad. Ein durchgehender Flur verbindet alle Räume miteinander, nur das Bad ist abgetrennt, zudem gibt es einen separaten Bereich zum Wäschewaschen. Auf den Längsseiten lassen sich in beide Richtungen die Schiebefenster vollständig öffnen, sodass innen und außen ineinander übergehen und Dach und Bodenplatte wie ein Rahmen für den Blick auf die tropische Umgebung wirken. Zudem sorgen die extrem großzügigen Öffnungen für viel Licht und Luft im Haus. Wünscht sich der Bewohner mehr Privatsphäre, kann er Schiebeelemente aus Aluminiumlamellen vor die Fenster fahren. Als Baumaterial wählten die Architekten Beton, da dieser auf natürliche Weise die Temperatur regelt, indem er das Haus tagsüber kühl hält und in den Nachtstunden die gespeicherte Wärme langsam wieder abgibt.

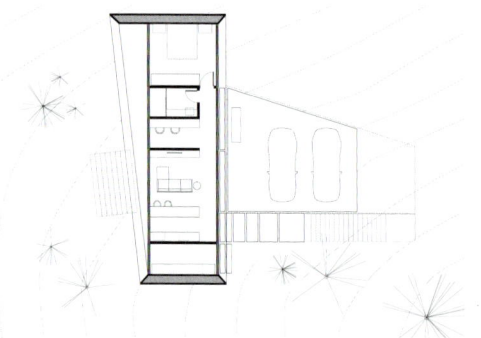

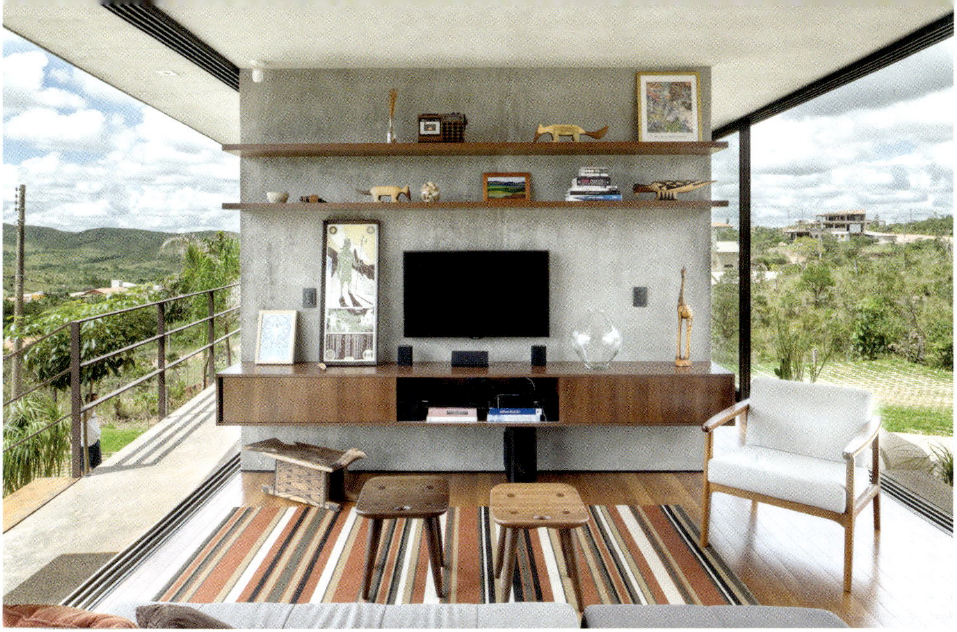

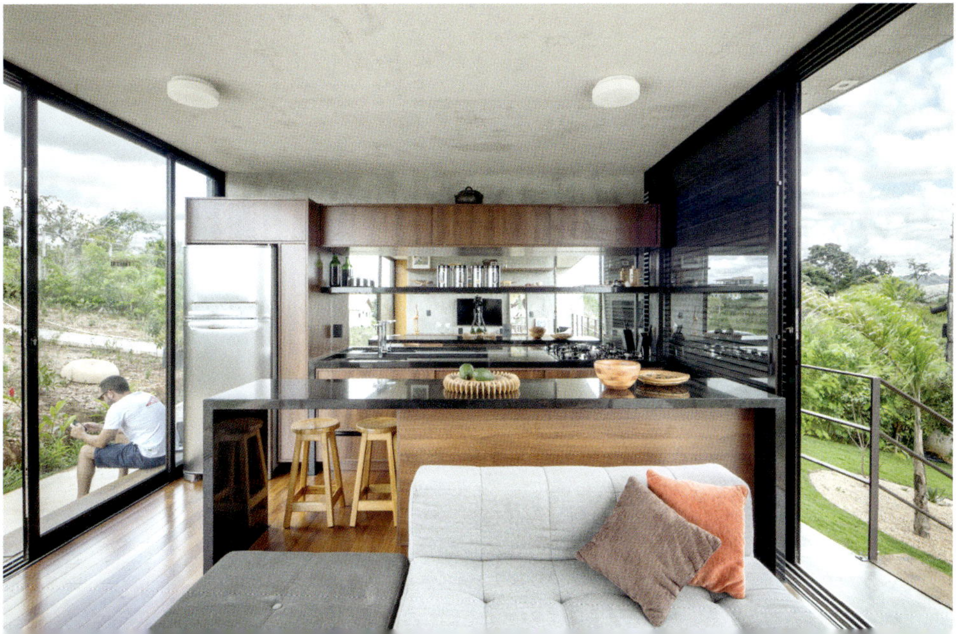

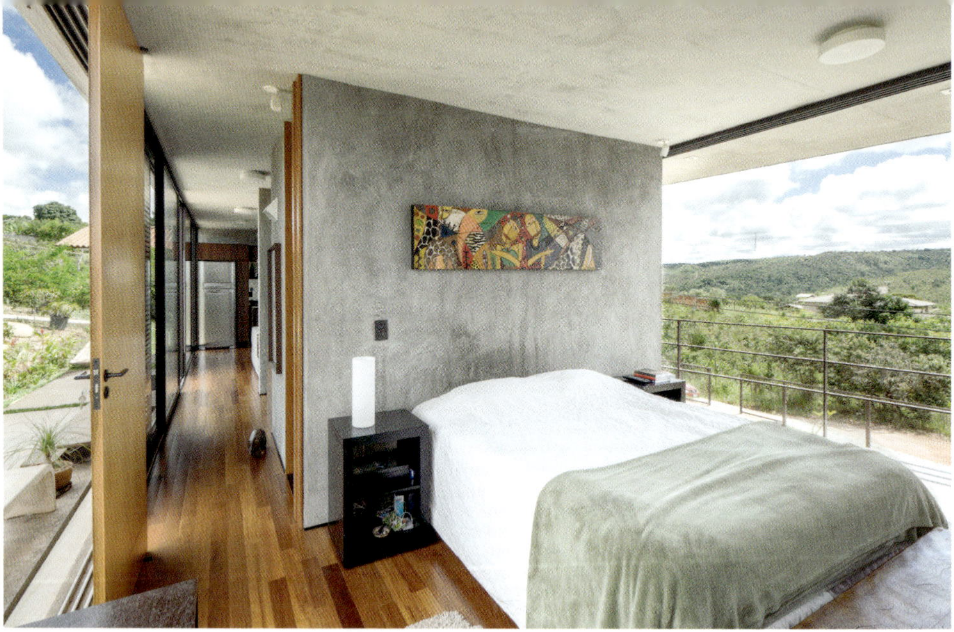

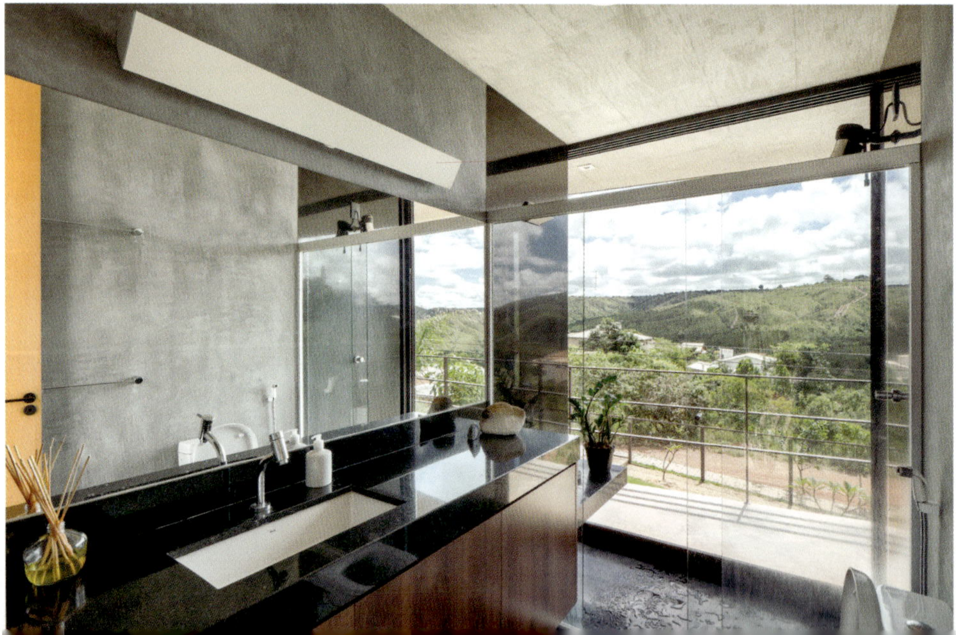

ARCHITEKTEN
+ DESIGNER

3.4 Arquitectura
Brasília, Brasilien
www.3ponto4.com

Manuel Aires Mateus
Lissabon, Portugal
www.airesmateus.com

Joel Allen
Revelstoke, Bristish Columbia,
Kanada
www.thehemloft.com

Alp'Architecture
Le Châble/Lausanne, Schweiz
www.alparchitecture.ch

Bates Masi + Architects
East Hampton, New York, USA
www.batesmasi.com

baumraum
Bremen, Deutschland
www.baumraum.de

Bureau A
Genf, Schweiz
www.a-bureau.com

cc-studio
Amsterdam, Niederlande
www.cc-studio.nl

dekleva gregorič architects
Ljubljana, Slowenien
www.dekleva-gregoric.com

Laura Fulmine
London, Großbritannien
www.laurafulmine.com

**Green Mountain College,
Environmental Studies**
Poultney, Vermont, USA
www.greenmtn.edu

H&P Architects
Hanoi, Vietnam
www.hpa.vn

Horibe Associates
Osaka, Japan
www.horibeassociates.com

Hristina Hristova
Sofia, Bulgarien
www.koleliba.com

Barry Jackson
Dalton, Lancashire, Großbritannien
www.hivehaus.co.uk

**Jackson Clements Burrows
Architects**
Melbourne, Australien
www.jcba.com.au

Kirkwood McCarthy
London, Großbritannien
www.kirkwoodmccarthy.com

LINES Designworks
Eersel, Niederlande
www.linesdesignworks.com

MAPA
Porto Alegre, Brasilien/Montevideo,
Uruguay
www.mapaarq.com.uy

Mouse Martin
Cirencester, Gloucestershire,
Großbritannien
www.made-by-hands.co.uk

Tomek Michalski
Sianów, Polen
www.tomekmichalski.com

Miramari Design
Prag, Tschechien
www.miramari.cz

Moca Architects
Nara, Japan
www.mocaarchitects.com

Gabriella und Andrew Morrison
Ashland, Oregon, USA
www.tinyhousebuild.com

Nickisch Walder Architekten
Flims, Schweiz
nickischwalder@flims.ch

OFIS Arhitekti
Ljubljana, Slowenien
www.ofis.si

PAD Studio
Lymington, Hampshire,
Großbritannien
www.padstudio.co.uk

PAR Arquitectos
Santiago de Chile, Chile
www.pararquitectos.cl

Mason St. Peter
San Francisco, Kalifornien, USA
www.masonstpeter.com

**Sommerhaus PIU GmbH,
Björn Götte & Markus Stöcklein**
Berlin, Deutschland
www.sommerhaus-piu.de

Leo Qvarsebo
Stockholm, Schweden
www.leoqvarsebo.se

Refunc
Den Haag, Niederlande
www.refunc.nl

Rye
London, Großbritannien
www.studiorye.co.uk

Werner Sobek
Stuttgart, Deutschland
www.wernersobek.com

SPUD Group
Sway, Hampshire, Großbritannien
www.spudgroup.org.uk

Stinessen Arkitektur
Tromsø, Norwegen
www.snorrestinessen.com

Studio Arte
Silves, Portugal
www.studioarte.info

Vipp
Kopenhagen, Dänemark
www.vipp.com

WireDog Architecture
Wellington, Neuseeland
www.wiredogarchitecture.co.nz

YUUA Architects and Associates
Tokio, Japan
www.yuua.jp

Zecc Architecten
Utrecht, Niederlande
www.zecc.nl

BILDNACHWEIS

DIE AUTORIN

Sandra Leitte hat Architektur studiert und
als Redakteurin und Lektorin an zahlreichen
Publikationen zu Architektur, Design und Kunst
mitgewirkt. Sie lebt und arbeitet in den USA
und in München.

IMPRESSUM

Der Verlag weist ausdrücklich darauf hin, dass im Text enthaltene externe Links vom Verlag nur bis zum Zeitpunkt der Buchveröffentlichung eingesehen werden konnten. Auf spätere Veränderungen hat der Verlag keinerlei Einfluss. Eine Haftung des Verlags ist daher ausgeschlossen.

Verlagsgruppe Random House FSC® N001967

2. Auflage 2017

Copyright © 2016 Deutsche Verlags-Anstalt, München,
in der Verlagsgruppe Random House GmbH
Alle Rechte vorbehalten
Grafische Gestaltung und Layout:
Susanne Hermann/DVA
Einbandgestaltung: SOFAROBOTNIK,
Augsburg & München
Lithografie: Helio Repro, München
Druck und Bindung: Print Consult, München
Printed in Slovakia
ISBN 978-3-421-04023-7

www.dva.de